浙江文化名人传记精选修订丛书

原 主 编：万 斌

执行主编：卢敦基

缘缘堂主

丰子恺传

陈野 著

浙江人民出版社

图书在版编目（CIP）数据

缘缘堂主 ：丰子恺传 / 陈野著. -- 杭州 ：浙江人民出版社，2025. 1. -- ISBN 978-7-213-11824-1

Ⅰ. K825. 72

中国国家版本馆CIP数据核字第20254RK850号

缘缘堂主：丰子恺传

YUANYUAN TANGZHU FENG ZIKAI ZHUAN

陈 野 著

出版发行：浙江人民出版社（杭州市环城北路177号 邮编 310006）

市场部电话：(0571)85061682 85176516

责任编辑：李 信 责任校对：姚建国

责任印务：程 琳 封面设计：王 芸

电脑制版：杭州天一图文制作有限公司

印 刷：杭州富春印务有限公司

开 本：710毫米×1000毫米 1/16 印 张：13.5

字 数：202千字 插 页：4

版 次：2025年1月第1版 印 次：2025年1月第1次印刷

书 号：ISBN 978-7-213-11824-1

定 价：52.00元

图1　丰子恺像

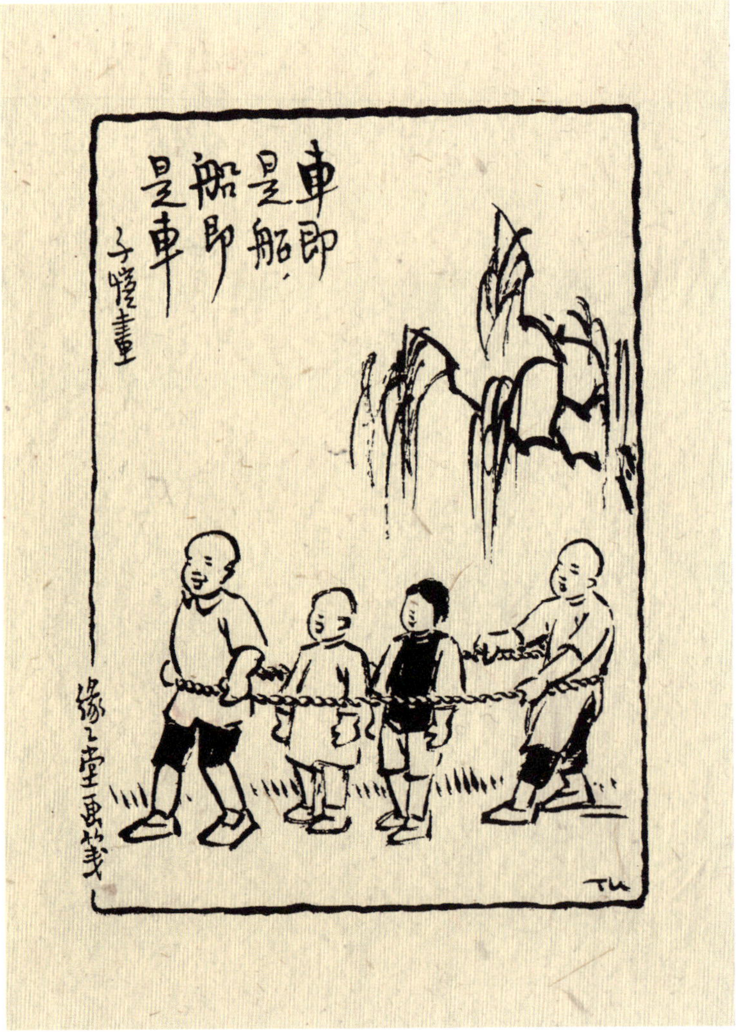

图2 丰子恺漫画《车即是船，船即是车》原稿

图3 丰子恺漫画《人散后，一钩新月天如水》

图4　丰子恺漫画《折得荷花浑忘却，空将荷叶盖头归》

“浙江文化研究工程成果文库”总序

有人将文化比作一条来自老祖宗而又流向未来的河，这是说文化的传统，通过纵向传承和横向传递，生生不息地影响和引领着人们的生存与发展；有人说文化是人类的思想、智慧、信仰、情感和生活的载体、方式和方法，这是将文化作为人们代代相传的生活方式的整体。我们说，文化为群体生活提供规范、方式与环境，文化通过传承为社会进步发挥基础作用，文化会促进或制约经济乃至整个社会的发展。文化的力量，已经深深熔铸在民族的生命力、创造力和凝聚力之中。

在人类文化演化的进程中，各种文化都在其内部生成众多的元素、层次与类型，由此决定了文化的多样性与复杂性。

中国文化的博大精深，来源于其内部生成的多姿多彩；中国文化的历久弥新，取决于其变迁过程中各种元素、层次、类型在内容和结构上通过碰撞、解构、融合而产生的革故鼎新的强大动力。

中国土地广袤、疆域辽阔，不同区域间因自然环境、经济环境、社会环境等诸多方面的差异，建构了不同的区域文化。区域文化如同百川归海，共同汇聚成中国文化的大传统，这种大传统如同春风化雨，渗透于各种区域文化之中。在这个过程中，区域文化如同清溪山泉潺潺不息，在中国文化的共同价值取向下，以自己的独特个性支撑着、引领着本地经济社会的发展。

从区域文化入手，对一地文化的历史与现状展开全面、系统、扎实、有序的研究，一方面可以借此梳理和弘扬当地的历史传统和文化资源，繁荣和丰富当代的先进文化建设活动，规划和指导未来的文化发展蓝图，增强文化软实力，为全面建设小康社会、加快推进社会主义现代化提供思想保证、精神动力、智力支持和舆论力量；另一方面，这也是深入了解中国文化、研究中国文化、发展中国文化、创新中国文化的重要途径之一。如今，区域文化研究日益受到各地重视，成为我国文化研究走向深入的一个重要标志。我们今天实施浙江文化研究工程，其目的和意义也在于此。

千百年来，浙江人民积淀和传承了一个底蕴深厚的文化传统。这种文化传统的独特性，正在于它令人惊叹的富于创造力的智慧和力量。

浙江文化中富于创造力的基因，早早地出现在其历史的源头。在浙江新石器时代最为著名的跨湖桥、河姆渡、马家浜和良渚的考古文化中，浙江先民们都以不同凡响的作为，在中华民族的文明之源留下了创造和进步的印记。

浙江人民在与时俱进的历史轨迹上一路走来，秉承富于创造力的文化传统，这深深地融汇在一代代浙江人民的血液中，体现在浙江人民的行为上，也在浙江历史上众多杰出人物身上得到充分展示。从大禹的因势利导、敬业治水，到勾践的卧薪尝胆、励精图治；从钱氏的保境安民、纳土归宋，到胡则的为官一任、造福一方；从岳飞、于谦的精忠报国、清白一生，到方孝孺、张苍水的刚正不阿、以身殉国；从沈括的博学多识、精研深究，到竺可桢的科学救国、求是一生；无论是陈亮、叶适的经世致用，还是黄宗羲的工商皆本；无论是王充、王阳明的批判、自觉，还是龚自珍、蔡元培的开明、开放，等等，都展示了浙江深厚的文化底蕴，凝聚了浙江人民求真务实的创造精神。

代代相传的文化创造的作为和精神，从观念、态度、行为方式和价值取向上，孕育、形成和发展了渊源有自的浙江地域文化传统和与时俱进的浙江文化精神，她滋育着浙江的生命力、催生着浙江的凝聚力、激发着浙江的创造力、培植着浙江的竞争力，激励着浙江人民永不自满、永不停息，在各个不同的历史时期不断地超越自我、创业奋进。

悠久深厚、意韵丰富的浙江文化传统，是历史赐予我们的宝贵财富，也是我们开拓未来的丰富资源和不竭动力。党的十六大以来推进浙江新发展的实践，使我们越来越深刻地认识到，与国家实施改革开放大政方针相伴随的浙江经济社会持续快速健康发展的深层原因，就在于浙江深厚的文化底蕴和文化传统与当今时代精神的有机结合，就在于发展先进生产力与发展先进文化的有机结合。今后一个时期浙江能否在全面建设小康社会、加快社会主义现代化建设进程中继续走在前列，很大程度上取决于我们对文化力量的深刻认识、对发展先进文化的高度自觉和对加快建设文化大省的工作力度。我们应该看到，文化的力量最终可以转化为物质的力量，文化的软实力最终可以转化为经济的硬实力。文化要素是综合竞争力的核心要素，文化资源是经济社会发展的重要资源，文化素质是领导者和劳动者的首要素质。因此，研究浙江文化的历史与现状，增强文化软实力，为浙江的现代化建设服务，是浙江人民的共同事业，也是浙江各级党委、政府的重要使命和责任。

2005年7月召开的中共浙江省委十一届八次全会，作出《关于加快建设文化大省的决定》，提出要从增强先进文化凝聚力、解放和发展生产力、增强社会公共服务能力入手，大力实施文明素质工程、文化精品工程、文化研究工程、文化保护工程、文化产业促进工程、文化阵地工程、文化传播工程、文化人才工程等“八项工程”，实施科教兴国和人才强国战略，加快建设教育、科技、卫生、体育等“四个强省”。作为文化建设“八项工程”之一的文化研究工程，其任务就是系统研究浙江文化的历史成就和当代发展，深入挖掘浙江文化底蕴、研究浙江现象、总结浙江经验、指导浙江未来的发展。

浙江文化研究工程将重点研究“今、古、人、文”四个方面，即围绕浙江当代发展问题研究、浙江历史文化专题研究、浙江名人研究、浙江历史文献整理四大板块，开展系统研究，出版系列丛书。在研究内容上，深入挖掘浙江文化底蕴，系统梳理和分析浙江历史文化的内部结构、变化规律和地域特色，坚持和发展浙江精神；研究浙江文化与其他地域文化的异同，厘清浙江文化在中国文化中的地位和相互影响的关系；围绕浙江生动的当代实践，深入解读浙江现象，总结浙江经验，指导浙江发展。在研究力量上，通过课题组织、出版资助、重点研究基地建设、加强省内外大院名校合作、整合各地各部门力量等途径，形成上下联动、学界互动的整体合力。在成果运用上，注重研究成果的学术价值和应用价值，充分发挥其认识世界、传承文明、创新理论、咨政育人、服务社会的重要作用。

我们希望通过实施浙江文化研究工程，努力用浙江历史教育浙江人民、用浙江文化熏陶浙江人民、用浙江精神鼓舞浙江人民、用浙江经验引领浙江人民，进一步激发浙江人民的无穷智慧和伟大创造能力，推动浙江实现又快又好发展。

今天，我们踏着来自历史的河流，受着一方百姓的期许，理应负起使命，至诚奉献，让我们的文化绵延不绝，让我们的创造生生不息。

2006年5月30日于杭州

目录

绪　言

丰子恺先生（1898—1975）是中国现代文化史上一位知识广博、勤奋多产的艺术家、文学家、艺术教育家和翻译家。著名美学家朱光潜先生称其“从顶至踵是一个艺术家，他的胸襟，他的言动笑貌，全都是艺术的”。日本汉学家吉川幸次郎则说他“是现代中国最像艺术家的艺术家”。

文化名人有多种不同的类型。在20世纪的文化人中，子恺先生自有别具一格的文化意韵。他的特色不仅在于他在文化创造中表现出来的诗意和谐趣，在于他的风骨、气质以及生活中无处不在的艺术趣味，还在于他在学贯中西的同时所自然流露的传统中国文人的精神与品格。他不仅一生浸濡于艺术文化之中，造诣深厚，著述涉及绘画、音乐、散文、诗词、书法、艺术理论等众多艺术门类，而且尤为关心社会大众的文化普及教育和中华民族文化素质的提高。作为一位艺术教育家，他以“五四”新文化运动为起点，一路走来，呼吁“美育”精神，倡导“曲好和众”，影响了一代人的艺术心灵，并为社会大众所接受。从此意义上说，子恺先生是一个真正的文化名人。

但是，在以往以政治、军事为中心的中国现代史和以革命文学为中心的现代文学史研究中，独具文化性灵的子恺先生却没有受到足够的重视。因此，我们今天从文化史研究的角度为他作传，就有了一层与其他名家传记不同的内涵。

子恺先生是一位艺术家，同时也是一位佛教居士。他在追述弘一法师皈依佛门的原因时，曾有一段著名的解说，这也正是他自己一生作为的写照，反映了他安身立命于红尘凡世78年间清晰可辨的生活足迹、层层递进的人生境界。

子恺先生说，人的生活分作三层：

一层是物质世界，即衣食荣华。这是大部分人追求的生活，追求的是锦衣玉食、尊荣富贵、孝子贤孙。在此物质生活的层面，子恺先生初为人子，继为人夫、人父，他挈妇将雏、含辛茹苦，负一家乃至亲友十数人的生活重担于一肩，劳作、离乱、流徙、受辱、抗争，辗转生活于20世纪“悲欣交集”的社会中。

二层是精神生活，即学术文艺的美景。这是较少一部分人追求的生活，也就是知识分子全心寄托于其中的艺术文化的创作与欣赏。在此精神生活的层面，子恺先生初为学子，继为师长、大师，他挥笔洒墨、含芬吐芳，融艺术、文学与学术的才情于一身，著述、写作、绘画、译文、谱曲，辛勤笔耕于20世纪风云际会的文坛艺林间。

三层是灵魂生活，即宗教的信仰。这里指的是弘一法师的生活：他的“人生欲”很强，认为财产子孙都是身外之物，学术文艺都是暂时的美景，连自己的身体都是虚幻的存在，故不肯做本能的奴隶，而要去追究灵魂的来源和宇宙的根本。在此灵魂生活的层面，子恺先生的身影时隐时现。他自谓“脚力小，不能追随弘一法师上三层楼”。而在我们看来，却也自有一番境界：他所流露的悲悯之情、无常之叹，他对浩渺空间的叩问，对不尽时光的疑惑，对生命意义、人生价值的追寻，对佛门智慧、佛法奥义的探究，都是他灵魂生活的体现。

对此，我们不能从消极抑或积极、出世抑或入世这样简单的思维定势出发，去审视、判断子恺先生的依佛。伴随子恺先生佛教信仰的，是毕其一生之功而成的人生感悟、哲理思索、佛门智慧和人世情感。在这些构成他宗教思想的因素中，不乏慈爱、宽宏、谦忍、安详、率真、精进等种种人格的修持和处世的睿智。喧嚣的世态、浮躁的人心，以及由此而来的种种恶与丑，都可以从中比照出善与美的宁静、从容和愉悦。

在今天已成汪洋之势的书海中，我们依旧可以看到子恺先生的作品一版再版。封面上，银髯飘拂的老先生满脸平和，笑对人间。然而，还有多少人能与他相对，发出会心的微笑呢？也许，20世纪的风雨过去了，智者们也就随着远去了。也许，光阴流逝了，生命却是生生不息，文化的传承更是绵延不绝。

第一章　亲情似海

现在我回忆这儿时的事，常常使我神往！祖母、蒋五伯、七娘娘和诸姐都像童话里、戏剧里的人物了。且在我看来，他们当时这剧的主人公便是我。何等甜美的回忆！

——丰子恺

大家庭

走了五省，经过大小百数十个码头，才知道我的故乡石门湾，真是一个好地方。它位在浙江北部的大平原中，杭州和嘉兴的中间，而离开沪杭铁路三十里。……运河大转弯的地方，分出一条支流来。距运河约二三百步，支流的岸旁，有一所染坊店，名曰丰同裕。店里面有一所老屋，名曰惇德堂。惇德堂里面便是缘缘堂。缘缘堂后面是市梢。市梢后面遍地桑麻，中间点缀着小桥，流水，大树，长亭，便是我的游钓之地了。红羊[①]之后就有这染坊店和老屋。这是我父祖三代以来歌哭生聚的地方。[②]

上面这段深情的文字，是本书主人公丰子恺为他的故乡而写。1898年11月

① 指洪秀全领导的太平天国农民起义。

② 《辞缘缘堂——避难五记之一》，《丰子恺文集》，第六卷，浙江文艺出版社、浙江教育出版社1992年版，第119页。

9日，丰子恺就出生在石门这个江南水乡的怀抱中。

石门镇地处浙江省杭（州）嘉（兴）湖（州）平原的中心。京杭大运河在经过石门时，转了一个大弯，因此石门镇在当地的乡民中间，更多的是被叫作“石门湾”，或者直接简称为“湾里”。

丰氏家族在石门小镇，应该算得上是著姓大户了。据不完全统计，石门丰姓自清乾隆元年（1736）丰铭岁试开始至光绪二十八年（1902）丰鐄科试为止的近170年中，共出举人1名、顺天乡试誊录1名、秀才10名、太学生14名。[①]由此看来，丰子恺可以说是出身于诗书礼仪之家。

到丰子恺的父亲丰鐄时，丰姓有多处祖宅散布在石门镇上。丰鐄名下的染坊店和他所居的惇德堂，在一所三开间三进的百年老屋内。第一进北端是染坊店。第二进即为惇德堂，楼下为正厅，是一个大通间，只以椅子隔为三间；楼上为住房。第三进是厨房。老屋当时由三家合住：中间为丰鐄一家，左侧（即南边）为其堂弟丰云滨一家，右侧为其堂侄丰嘉麟一家。

丰子恺出生时，正是家里人丁最兴旺的时期。家中有祖母、父母和五个姐姐，染坊店里有管账、司务、朝奉和学徒五六个店员，再加上丰云滨、丰嘉麟两家的十多位亲戚，百年老屋整日里都是人声鼎沸，喧哗嘈杂。而丰子恺这个全家盼了多年的男孩的降临，更给这个大家庭增添了无穷的欢乐和热闹。

在丰子恺对大家庭的甜美回忆里，祖母丰八娘娘[②]是一个重要角色。

丰八娘娘生性争强好胜，丈夫的早逝更促使她事事争先，样样不肯落于人后。她原生有两子两女，长子与幼女夭亡，剩下一女一儿。女名针，字巂红，子即丰鐄。丰八娘娘自己识文断字，喜欢看一些《缀白球》之类的剧本小说。对子女的教育十分严格，应教则教，该打就打，一丝不苟，由此把一双儿女调教得十分出色。女儿不仅描花、刺绣、剪纸、摘珠花等女红生活样样精通，而

---

① 此据丰子恺堂侄女丰桂所写之《惇德堂旧事》一文，见《桐乡文艺》1998年下期“纪念丰子恺诞辰一百周年专刊”，第100页，浙江省桐乡市文学艺术界联合会、市文化馆编，1998年10月20日印行。

② 丰子恺的祖父丰小康初娶冯氏，冯氏去世后，续娶沈氏。因丰小康排行第八，人们即称沈氏为丰八娘娘。

且书法、绘画也很在行，种种手艺，远近闻名。儿子则最后终于中了举人，成为石门湾当时唯一的一位举人老爷。

然而，丰八娘娘又是一个豪爽而善于享乐的人。虽然家中的光景并非十分富裕，一家老少十几口，再加上店里的伙计、家里的雇工，都只靠着染坊菲薄的收入和几十亩薄田过日子，但她对任何良辰佳节都不肯轻易放过。她在家中置办了四时行乐所需的一应用具，比如新年里用的锣鼓、迎花灯用的彩伞，甚至胡琴、琵琶、三弦、箫笛，样样齐全。一到节日，便吹打舞弄起来，图的就是个快适和热闹。她十分喜欢看戏，只要镇上演戏，她是必到的，而且还早早地就叫人搬了高高的椅子去占个好位子。次数多了，弄得大家都认识这是丰八娘娘的椅子。她甚至觉得看戏还不过瘾，就请了人在家里教子女唱戏，以致邻近的秀才沈四相公十分不满，常常要说她："丰八老太婆发昏了，教儿子女儿学唱徽调。"丰八娘娘自然是我行我素，不去理他。

不仅良辰佳节不能轻易放过，就是日常的琐碎生活，丰八娘娘也总喜欢想法子弄出点热闹的响动来。比如每年的养蚕，即使在桑叶较贵的年头养蚕会蚀本，她也照样大规模地进行，为的就是她喜欢这暮春的点缀，而非专为图利。祖母的情趣成就了丰子恺童年的乐趣，她的那种潇洒不羁、热爱生活、及时行乐的个性和生活态度，很受幼年丰子恺的欢迎，也得到了成年丰子恺的赞赏。在晚年所写的《中举人》一文中，丰子恺即把他的这位祖母，比作了《浮生六记》中的芸娘。

丰子恺在私塾读书时，因为成功地完成了先生叫他画的孔子像和龙旗，并发表于塾中的堂前，受到师生一致的交口称颂，而得到一个"画家"的绰号。其实，这其中有一半的功劳要归于他的大姐。

大姐名瀛，字寰仙，生于1886年，长丰子恺12岁。在20世纪初的年代里，丰瀛可以称得上是一位有见识、有作为的新女性。她曾于1912年在石门镇上创办过一所女子学校，名曰"振华"，自任校长。可见她的抱负与胸襟，不同于常人。丰子恺当时正在杭州浙江第一师范学校读书，每次假期回家，经常到振华女校去参加大姐组织的各种活动。可惜的是丰瀛在她33岁的盛年，也即1918年，因病去世。校长一职，遂由其妹，亦即丰子恺的三姐丰满续任。

童年时的丰子恺非常佩服他的这位长姐，遇到难题总要向她去请教。当私塾先生于云芝命他画一张放大的孔子像，以补救他在课堂上偷偷画画的错误时，当时只会拿纸蒙在画谱上“印画”的丰子恺不免大大地犯了疑难。于是他便去向大姐讨教。在大姐的帮助下，画孔子像一举成功。

后来，丰子恺又画成了黄布的龙旗，“被高高地张在竹竿上，引导学生通过市镇，到野外去体操”。“画家”的声名因此大为盛行，以至于老妈子们纷纷提出要求：“将来哥儿给我画个容像，死了挂在灵前，也沾些风光。”后来这种挂在灵前的“容像”果真画了不少，因此在故乡的老伯伯和老太太中间，丰子恺又获得了“擦笔肖像画家的名誉”。[①]不论是龙旗还是那些“容像”，丰子恺都是在他大姐的指点和帮助下完成的。

一直到隔了如许悠长岁月的今天，只要我们去读丰子恺，读他那些回忆童年生活的文字，依旧能够感受到他对童年家庭生活的神往，浓郁醇厚，真切绵长。清明、过年、“打送”，甚至玩耍时头上落下的疤痕，都令他难以释怀，如数家珍似的一一记录。

清明三天，丰家每天都去上坟，每天都“借墓游春”。就连丰镄这个古板沉静的秀才，也对此饶有兴趣。他曾有诗记此扫墓游春之行，名曰《扫墓竹枝词》，共八首。对童年时代的丰子恺来说，清明扫墓更是快乐无边的趣事。他和族中的孩子们一起采桃花，偷新蚕豆，做蚕梗笛，在青草地上吃船上烧出来的饭菜，抢鸡蛋，喝上坟酒，忙得个兴高采烈、不亦乐乎。这种走出市井尘嚣中低小狭窄的百年老屋的乡间游玩，带给丰子恺无限的乐趣。

在石门这个富庶的江南小镇，过年是一个隆重而盛大的年节。每年一到农历的十二月十五，过年的空气就开始浓重起来，直到来年的正月二十，方才算是过完了年。其间，每天都有新鲜的内容，每天都有新鲜的热闹，每天都是丰子恺快乐无边的节日。

“打送”是石门湾的一种风俗，就是每当亲戚家的孩子第一次上门做客后回去时，主人家必定得做几盘包子送客。每到这时候，家里就显得特别热闹：厅

---

① 《学画回忆》，《丰子恺文集》，第五卷，第417、419页。

屋的中间放一只大匾，大匾的中央是一只大盘，盘内盛着米粉和豆沙。家中的母亲、姑母、婶母和诸姐们围坐在大匾的四周，一起做包子。大家一边做，一边说，笑意充满一堂。丰子恺自然是其中最忙碌的角色，又是吃，又是玩，吵闹嬉笑个不完。有一次，为了与一位小伙伴五哥哥争米粉，不小心摔了一跤，从此左额上留下了一道疤痕。然而即使是疤痕，那也是童年的美丽印记。

> 现在我对这些儿时的乐事久已缘远了。但在说起我额上的疤的来由时，还能热烈地回忆神情活跃的五哥哥和这种兴致蓬勃的玩艺儿。谁言我左额上的疤痕是缺陷？这是我的儿时欢乐的佐证，我的黄金时代的遗迹。过去的事，一切都同梦幻一般地消灭，没有痕迹留存了。只有这个疤，好像是“脊杖二十，刺配军州”时打在脸上的金印，永久地明显地录着过去的事实，一说起就可使我历历地回忆前尘。仿佛我是在儿童世界的本贯地方犯了罪，被刺配到这成人社会的“远恶军州”来的。这无期的流刑虽然使我永无还乡之望，但凭这脸上的金印，还可回溯往昔，追寻故乡的美丽的梦啊！①

1902年12月，丰八娘娘去世。她在生前实现了自己的夙愿，抱上了孙子，坟上也竖起了举人老爷的旗杆。劳苦一生，现在她对列祖列宗，总算样样都可以有了交代。葬礼仪式隆重，乡亲们都称赞老太太真是好福气。对童年丰子恺来说，祖母去世，是一件悲痛的事。大家庭里的气氛，也失却了几分昔日惯有的喧腾热闹，因为好静的父亲取代祖母成了家庭的中心。但是有父母坚实的臂膀护卫，生活仍然是安稳、美好的。

父　亲

丰子恺的父亲丰镄于1906年秋、丰子恺9岁时去世，自此之后，便与他的

---

①《梦痕》，《丰子恺文集》，第五卷，第276页。

儿子天人相隔，永无关联了。就连“丰子恺”这蜚声海内外、为他和丰氏家族带来无上荣光的三个字，他也无从知晓就是他宝贝儿子的大名。在丰子恺9岁以后的人生道路上，父亲在另一个世界里渐行渐远、渐行渐远……并且随着岁月的流逝，远得连模糊的身影都是那么的淡，淡到似乎已经没有必要再去追寻了。

其实不然。父亲虽然早逝，丰子恺对他却有一生的牵挂。对于父亲命运的不济、心境的黯淡和生命的短暂这种种际遇的同情，化作他笔下数十年里反复出现的文字，向着读者缓缓倾诉，真切而又感伤。

1927年：

我的父亲中了举人之后，科举就废，他无事在家，每天吃酒，看书。他不要吃羊、牛、猪肉，而喜欢吃鱼、虾之类。而对于蟹，尤其喜欢。自七八月起直到冬天，父亲平日的晚酌规定吃一只蟹，一碗隔壁豆腐店里买来的开锅热豆腐干。他的晚酌，时间总在黄昏。八仙桌上一盏洋油灯，一把紫砂酒壶，一只盛热豆腐干的碎瓷盖碗，一把水烟筒，一本书，桌子角上一只端坐的老猫，我脑中这印象非常深刻，到现在还可以清楚地浮现出来。……现在回想那时候，半条蟹腿肉要过两大口饭，这滋味真好！自父亲死了以后，我不曾再尝这种好滋味。①

1939年：

流亡以后，我每逢在报纸上看到了关于石门湾的消息，晚上就梦见故国平居时的旧事，而梦的背景，大都是这百年老屋。……我梦见父亲中乡试时的光景……我又梦见父亲晚酌的光景……我的父亲中了举人之后就丁艰。丁艰后科举就废。他的性情又廉洁而好静，一直闲居在老屋中，四十二岁上患肺病而命终在这地板间里。我九岁上便是这老屋里的一个孤

① 《忆儿时》，《丰子恺文集》，第五卷，第137页。

儿了。[1]

1971—1973年间：

送灶君上天之后，陈妈妈就烧菜给父亲下酒，说这酒菜味道一定很好，因为没有灶君先吸取其香气。父亲也笑着称赞酒菜好吃。我现在回想，他是假痴假呆、逢场作乐。因为他中了这末代举人，科举就废，不得伸展，蜗居在这穷乡僻壤的蓬门败屋中，无以自慰，惟有利用年中行事，聊资消遣……[2]

我的父亲孜孜兀兀地在穷乡僻壤的蓬门败屋之中度送短促的一生，我想起了感到无限的同情。[3]

丰鐄，字迎年，号斛泉，又号鹤旋，生于1865年。他是一个听话的孝子，严格遵奉母亲的教诲，以读书赶考、获取功名为唯一的生活目标。整日里只在书房埋头攻读，家事、店事概不过问，全由母亲打理。这种生活方式造就了他与丰八娘娘截然不同的性格，洁身自好、沉静文弱，除了读书作文，并无其他生活的长技。

1883年，丰鐄考取第七名秀才，是年19岁。母亲大喜过望，于是更为严格地督促他读书，更为悉心地照顾他的生活。既是为了报答母亲，也是为了自己的功名，丰鐄的攻读也更为刻苦了，一心一意地要在接下来的乡试中考取举人。乡试是三年一次，地点是在杭州，时间是在秋季。谁料时运不济，接连考了几次都未考中，而丰八娘娘却是年复一年地上了年纪。争强好胜的她不免发了急，狠下心来向儿子发了最后的通牒："坟上不立旗杆，我是不去的。"孝子丰鐄真正是又焦灼，又无奈。"只得再在家里饮酒，看书，吸鸦片，进修三年，再去

① 《辞缘缘堂》，《丰子恺文集》，第六卷，第122、123页。

② 《过年》，《丰子恺文集》，第六卷，第698页。

③ 《清明》，《丰子恺文集》，第六卷，第708页。

大比。”[①]

这样的日子到了1902年10月，皇天不负有心人，丰镄终于中了举，为“补行庚子辛丑恩正并科第八十七名举人”[②]。

中举是丰镄一生功名事业的顶峰，此后的日子并没有如愿以偿地向着飞黄腾达的轨迹往上走，而是一条每况愈下的短暂的不归路。这样的结局，既是个人和家庭的遭遇使然，更是时代使然。

10月中举的盛况刚过，12月里就为丰老太太办丧事。本来中举后的次年即可进京会试。举人叫作金门槛，很不容易跨进；跨进之后，经过会试录取，即可授官，然后施展抱负，建功立业。即使不能入仕，也可在乡里“干政”，即参与乡里各种棘手时务的处理，或进入官场成为幕僚，在协助地方官处理行政、司法、财政等各种问题中，起举足轻重的作用。这样的士子，在清中叶以后是一个很重要的阶层。但丰镄遭此母丧，必须在家守孝三年，即所谓的“丁忧”。这样过了两年多，到1905年，时代风云变幻，清政府宣布于次年正式废止科举，丰镄也就不得会试，没有官做。

丰镄满腔的热望和憧憬转眼之间皆成泡影，几十年的心血和努力都似付诸东流水。他从京城荣华的悬望中回落到现实的生活，这才发觉“百无一用是书生”，除了设塾授徒之外，他没有任何养家糊口的本领。家中的生活日益清苦，他的心境更是愈益郁闷了。

> 他[③]的生活实在很寂寥。每天除授徒外，只是饮酒看书吸鸦片。……下午放学后，他总在附近沈子庄开的鸦片馆里度过。晚酌后，在家吸鸦片，直到更深，再吃夜饭。我的三个姐姐陪着他吃。吃的是一个皮蛋，一碗冬菜。皮蛋切成三份，父亲吃一份，姐姐们分食两份。我年幼早睡，是没有资格参与的。父亲的生活不得不如此清苦。因为染坊店收入有限，束脩更

---

① 《中举人》，《丰子恺文集》，第六卷，第677页。

② 乡试每三年一次，逢子、卯、午、酉年为正科，遇庆典加科为恩科。庚子正科和辛丑恩科都因逢义和团事而停止举行，故在壬寅年合并补行，称为“补行庚子辛丑恩正并科”。

③ 指父亲丰镄。

为微薄，加上两爿大商店（油车、当铺）的“出官”[①]每年送一二百元外，别无进账。[②]

1906年秋分时节，即中举后的第四年，丰𬭎死于肺病，享年42岁。这一年，丰子恺9岁。

上面我们叙述的是举人老爷丰𬭎一生的简要行状，而下面日常生活中的一些细节，则丰富了他的性情和形象。

丰𬭎是一个敏感细腻的诗人。他不是那种皓首穷经、顽冥迂腐的书呆子，在他沉静寡言的外表下，也有对自然、对生活、对人事的细致体味和感受。在他留存至今的八首《扫墓竹枝词》中，记述了一家人清明扫墓的全过程，他将纪事、写景、抒情了无痕迹地融会在一片春色之中。诗中有生动的情节，如“村姑三五来窥看，中有谁家新嫁娘”；有鲜明的意象，如“却觅儿童归去也，红裳遥在菜花中”；有殷殷的寄托，如“松荫更比去年多”“野花载得满船归”。此诗写于丰子恺三四岁时，其中的“三岁玉儿”指的就是他。诗中充溢着丰𬭎得子后的喜悦心情和对下次应试的殷切期待，既含蓄委婉，又清丽可读。丰子恺对这八首诗非常珍爱，悉数录入他的《清明》一文中。

丰𬭎是一个慈父。对丰子恺自不必说，对几个女儿也十分钟爱。三女儿丰满是他的爱女，小时候常跟他睡。那时女子要缠足，白天母亲钟云芳用白布条给丰满裹脚，晚上睡到后半夜，脚热了，痛得难受，常常不能入睡，丰𬭎就把她的裹脚布拉掉。第二天钟云芳再给她裹上，晚上丰𬭎又给她拉掉。几次下来，钟云芳着了急，就说：“大脚姑娘将来嫁不出去的。”他回她说：“嫁不出去就养在家中。”丰满后来果然没有再缠足，是当时独一无二的大脚姑娘。最不同寻常的是，他甚至宠着女儿们吸鸦片，以致她们都染上了鸦片瘾。当时民间，只要经济条件过得去的人家，都视吸鸦片为家常便饭。丰𬭎家中也照例常设“鸦片铺”。客人来了，请他上铺，主客相对卧吸，也算是一种款待。没有客人时，就

① 出官：指商店借举人老爷之名而得到保障，因而付给的酬金。

② 《中举人》，《丰子恺文集》，第六卷，第680页。

让女儿们陪着吸，这更是一种宠爱了。

丰鐄是一个喜欢享受生活的人。他的享受生活，与丰八娘娘的风格截然不同。与母亲鼓乐喧天的热闹相比，丰鐄爱的是细细的品味、静静的体会。其中当然有母亲及时行乐的生活态度的熏陶，有江南水乡小镇安稳讲究的生活方式的影响，然而更多的还是他骨子里传统文人气质的流露，因而能在并不十分富裕和如意的生活里，寻觅出一些风雅、精致的片段。

丰鐄嗜蟹，经常在有蟹季节的月夜，以吃蟹为中心举行晚宴。他与家人在夜深人静的明月底下围成一桌吃蟹。大家一边谈笑，一边赏月，一边吃蟹，直到月落时光。他很讲究蟹的吃法，说：吃蟹是风雅的事，吃法也要内行才懂得。作为吃蟹的行家，他时常受到女佣陈妈妈的赞赏，说："老爷吃下来的蟹壳，真是蟹壳。"丰鐄吃蟹时，从不吃别的菜，因为在他的眼里，蟹是至味，吃蟹时混吃别的菜肴，就乏味了。

丰鐄是一个顺应时代的人。他曾经接受了当时时代带来的新思想，并一度试图有所作为，只是未能如愿，终未成功。比如当时清政府废科举、办学堂。丰鐄虽然因此断送了前程，却也并未对新学堂怀恨在心，视为异端。相反他兴致勃勃地起了改私塾办学堂的念头，与周围的几个私塾先生几次商量，可惜尚未办成就去世了。也许与小镇的保守风气有关，石门镇的学堂办得比较晚。当时桐乡县城里学堂早已有之，就连北邻的乌镇，也早在1902年就办起了学堂，而在石门镇，直到1910年才有正式的学堂。

以我们今天的眼光总而观之，可以这样说，丰鐄是一个封建时代的读书人，在他身上有不少中国传统文人的气质和生活态度。比如他知书达礼、温良沉静、寒窗苦读、诗酒自娱，倾其一生行走在科举入仕的道路上。从丰鐄的生活际遇来看，他是时代变革的一个牺牲者。他的命运是当时中国，尤其是远离京城和都会城市的一大批乡村士子的共同命运，因为对于他们来说，跟上时代的潮流并与之同行，绝非易事。早在丰鐄出生前后，在当时中国堪称进步的洋务派，即在京城兴起了学习西方的大规模洋务运动。他们开设同文馆，在各厂附设学校，大力培养专业技术人才，选送一批批的幼童、青年赴欧美留学。至丰子恺出生的1898年，清光绪皇帝实施变法，史称"百日维新"。其中的一条诏令，就是要废除八股取士制度，取消各地书院，改设学校。就在丰鐄沉浸在中举的喜悦之中、一心期望进京会试、获取功名之时，京师以及各大城市里，早已是新式学堂林立了。据当时学部统计，1904年，学堂总数为4222所，学生总数为92169人。[①]此时，清政府的文化教育体制已经迈入了近代化的进程，兴办学堂、奖励留学、学习日本欧美以变法自强，已经成为政府的当务之急，科举取士自然走向末路。当然，时代潮流终究不可抗拒，丰鐄也不是一个泥古不化、保守固执的"腐儒"。在上面的记述中，我们很容易发现丰鐄身上的时代印迹和进步开放的思想意识。

丰鐄对丰子恺有没有影响？如果有的话，那么这种影响是什么？有多大？或许有人会说，9岁以前的孩提生活，不会对人的一生产生多大的影响，因此不必对此多费笔墨。我们对此也没有做过深入的探究，只是在读完《丰子恺文集》之后，再来看丰鐄，却总有一种似曾相识的感觉。

从表面的、孤立的一事一物来看，9年的父子缘，父亲当然给了儿子许多：给他生命，给他温暖，为他启蒙，养育成长。在父亲举人老爷的荣耀里，丰子恺着实过了几年众星捧月的好时光。父亲中举，"他的族人和亲戚却沾光不少。凡是同他并辈的亲族，都称老爷奶奶，下一辈的都称少爷小姐。利用这地位而作威作福的，颇不乏人。我是嫡派的少爷。常来当差的褚老五，带了我上街去，街上的人都起敬，糕店送我糕，果店送我果，总是满载而归"[②]。

细细想来，就在这看似无心的、琐琐碎碎的耳濡目染里，丰子恺接续了父亲的文脉：中国传统文人气质中独善其身的修身养性、兼济天下的志向抱负、经史子集的国学功底、吟诗作词的才情意趣、沉静温和的个性禀赋、敏感细腻的慧根悟性，是父子共有的。品味生活、享受生活的处世态度，是父子共通的。丰子恺更是将之发展到了"艺术地生活"的极致。丰子恺一生喜爱作诗填词、饮酒吃蟹、养猫伴读、赋闲家居，这一切，都有他父亲的昔日生活如影相随。

我们不会肯定地说丰子恺性格和处世态度中所有的这一切，都是直接地、

① 徐泰来主编：《中国近代史记（1840—1919）》，湖南人民出版社1989年版，第413页。

② 《中举人》，《丰子恺文集》，第六卷，第680页。

唯一地来源于他的父亲。我们只是试图诠释，丰子恺生长在这样的家庭，有这样一位父亲，这对他成年以后生活道路的选择和事业前程的取向，不能说没有任何关联。父子两代人，同样作为传统的中国文人，他们有着共同的文化起源和曾经一脉相承的成长经历。对丰子恺而言，这段经历虽然短暂，却足以使他产生共同的生活体验。

但是有一样东西，却肯定来源于他的父亲，这就是父亲的命运带给他的一个终生难以释怀的“结”。丰子恺对父亲的命运，永远有一种悲悯的、感怀的咏叹。这种悲悯与感怀深深地渗透进他的心灵深处，化而成为一种我们称之为“人生观”的东西。“缘缘堂落成后，我常常想：倘得像缘缘堂的柴间或磨子间那样的一个房间来供养我的父亲，也许他不致中年病肺而早逝。然而我不能供养他！每念及此，便觉缘缘堂的建造毫无意义，人生也毫无意义！”[①]当然，这绝不是丰子恺人生观的全部。另一方面，这种悲悯与感怀静静地流泻在他文章的字里行间，造就了一种可以称之为“诗意和感伤”的文风，足以引起我们每一个有着相似生活经历的读者的共同体念，让我们想起自己的父辈，想起父辈们一生的艰辛与磨难。养育之恩，欲报无门，何憾其深！

丰𫓧逝去，他带给儿子的荣华也随之烟消云散：“我九岁上，父亲死去，我们就变成孤儿寡妇之家了。”[②]从此，母亲钟云芳担起了家庭的全部责任。

母 亲

如果说父亲是丰子恺生命里一段充满感伤的回忆，那么母亲就是他心中一片饱含崇敬和感恩的深切怀念。丰子恺曾为母亲写过一篇著名的文章，叫作《我的母亲》。文中写道：

> 我的母亲坐在我家老屋的西北角里的八仙椅子上，眼睛里发出严肃的

---

① 《辞缘缘堂》，《丰子恺文集》，第六卷，第123页。

② 《中举人》，《丰子恺文集》，第六卷，第680页。

光辉，口角上表出慈爱的笑容。

老屋的西北角里的八仙椅子，是母亲的老位子。从我小时候直到她逝世前数月，母亲空下来总是坐在这把椅子上，这是很不舒服的一个座位：我家的老屋是一所三开间的楼厅，右边是我的堂兄家，左边一间是我的堂叔家，中间一间是我家。但是没有板壁隔开，只拿在左右的两排八仙椅子当做三份人家的界限。所以母亲坐的椅子，背后凌空。若是沙发椅子，三面有柔软的厚壁，凌空原无妨碍。但我家的八仙椅子是木造的，坐板和靠背成九十度角，靠背只是疏疏的几根木条，其高只及人的肩膀。母亲坐着没处搁头，很不安稳。母亲又防椅子的角摆在泥土上要霉烂，用二三寸高的木座子衬在椅子脚下，因此这只八仙椅子特别高，母亲坐上去两脚须得挂空，很不便利。所谓西北角，就是左边最里面的一只椅子。这椅子的里面就是通过退堂的门。退堂里就是灶间。母亲坐在椅子上向里面顾，可以看见灶头。风从里面吹出的时候，烟灰和油气都吹在母亲身上，很不卫生。堂前隔着三四尺阔的一条天井便是墙门。墙外面便是我们的染坊店。母亲坐在椅子里向外面望，可以看见杂沓往来的顾客，听到沸反盈天的市井声，很不清静。但我的母亲一向坐在我家老屋西北角里的这样不安稳，不便利，不卫生，不清静的一只八仙椅子上，眼睛发出严肃的光辉，口角上表出慈爱的笑容。母亲为什么老是坐在这样不舒服的椅子里呢？因为这位子在我家最为冲要。母亲坐在这位子里可以顾到灶上，又可以顾到店里。母亲为要兼顾内外，便顾不到座位的安稳不安稳，便利不便利，卫生不卫生，和清静不清静了。[①]

母亲钟云芳，石门镇南皋桥堍人，祖辈经商，哥哥钟春芳是太学生。嫁到丰家后，孝敬婆婆，相夫教子，有贤妻良母的品德。丰鐄去世，留下的是薄田数亩、染坊一间和一大家子人口。母亲在生了丰子恺之后，又生育了一女二子，

① 《我的母亲》，《丰子恺文集》，第五卷，第642页。

而且最小的一个还是遗腹子。[1]虽然惇德堂上挂着“文魁”的匾额，但这只能说明往日的荣华，却换不来现实的温饱。染坊的生意清淡，四乡农民虽有自织土布送来染色，但大多要到过年时才能算账取钱，平时的收入十分有限。丰镄在世时，虽说在家事店务的具体操持上帮不了多大的忙，但他总是一棵可以遮风挡雨的大树，凡事总还有个人商量，总是一个完整的家。现在，店内店外、田头田尾、家中上下，就都要钟云芳一人操持了，生计变得十分艰难。

但是母亲十分能干，她虽然不识字，却治家有方，担起了家中里里外外的一切责任。

当时的光景，丰子恺有生动的记述：

> 工人们常来坐在里面的凳子上，同母亲谈家事；店伙们常来坐在外面的椅子上，同母亲谈店事；父亲的朋友和亲戚邻人常来坐在对面的椅子上，同母亲交涉或应酬。我从学堂里放假回家，又照例走向西北角里的椅子边，同母亲讨个铜板。有时这四班人同时来到，使得母亲招架不住，于是她用了眼睛的严肃的光辉来命令，警戒，或交涉；同时又用了口角上的慈爱的笑容来劝勉，抚爱，或应酬。当时的我看惯了这种光景，以为母亲是天生成坐在这只椅子上的，而且天生成有四班人向她缠绕不清的。[2]

在母亲的庇佑下，丰子恺得以继续他无忧无虑的童年。

母亲虽然竭尽了全力，却终究独木难支。数年间，或由于先天不足，或由于营养不良，或出于情绪方面的原因，先后有几个儿女相继逝去：老五丰潜贞于父亲去世后自杀身亡，老十兰珠4岁夭折，老四丰绮则死于1915年前后。如果再算上1903年祖母、1906年父亲、1918年大姐丰瀛、1920年九弟丰浚的去世，在丰子恺由童年、少年以至青年的23年成长中，已经伴随了太多的亲人间的生离死别。这种人事、情感的磨难，对他以后的成长和思想观念的形成，究

---

① 即八女丰雪珍（1902—1983）；九男丰浚（1903—1920），字景伊，小名慧珠；十男是遗腹子，丰镄逝世后次年出生，取名蔚兰，小名兰珠，4岁夭折。

② 《我的母亲》，《丰子恺文集》，第五卷，第642页。

竟会有怎样的影响呢？人生无常，这座一直伴随着他、带给他悲愤和疑惑，并在1930年母亲去世后使他“堕入了颓唐的状态”的“火宅”，是否在其童年幼小的心灵中，就已有星火闪烁了呢？

丰镄在世时，设塾授徒，丰子恺也在他的塾中受业开蒙。丰镄给他取了个学名叫“丰润”，以示郑重其事。当时跟着父亲，丰子恺已经诵读了《三字经》《千字文》《千家诗》。父亲去世后，母亲没有荒废他的学业，又把他送到另一家私塾里去读了三年书。塾师名叫于云芝，读的是《幼学琼林》《论语》《孟子》等。母亲期望儿子刻苦读书，像父亲一样获取功名，将来重振家声。她甚至还保留着丰镄中举时用的考篮，打算将来给儿子再用；新年时，还叫丰子恺穿了举人的红缨帽子、外套去拜年。她将自己和丰家的全部希望都寄托在丰子恺的身上，无怨无悔地担负起了严父与慈母的双重职责。就像丰子恺在《我的母亲》一文中所写的那样，母亲以严肃的眼光告诫他待人接物、求学立身的大道理，用慈爱的笑容关怀他的生活，希望他像父亲一样出人头地。虽然丰子恺日后的成就，绝非他的母亲所能料想，但是母亲的教诲和关爱，却令丰子恺终生难忘：

> 她是我的母亲，同时又是我的父亲。她以一身任严父兼慈母之职而训诲我抚养我，从我呱呱坠地的时候直到三十三岁，不，直到现在。陶渊明诗云：“惜闻长者言，掩耳每不喜。”我也犯这个毛病；我曾经全部接受了母亲的慈爱，但不会全部接受她的训诲。所以现在我每次在想象中瞻望母亲的坐像，对于她口角上的慈爱的笑容觉得十分感谢，对于她眼睛里的严肃的光辉，觉得十分恐惧。这光辉每次给我以深刻的警惕和有力的勉励。①

当然，丰子恺也不可能接受母亲的全部训诲，随着石门镇上新学堂的建立，时代潮流不可阻挡地汹涌而入，新事物、新人物、新观念、新思潮、新文化，牢牢地吸引住了丰子恺的眼睛和心灵，渐渐地将他从母亲身边拉开，身不由己地投入其中了。

---

①《我的母亲》，《丰子恺文集》，第五卷，第643页。

新学堂

虽然比外面世界的步伐稍有迟缓，1910年，石门镇终于办起了新式学堂，同时废除了私塾。新学堂名叫溪西两等小学堂，址设镇西市梢的西竺庵祖师殿，因庵前有一小溪自西流过而得名。

当时小学堂的第一班只有七个学生，开设的课程有修身、国文、算学、体育和音乐。这些功课中，值得细说的是音乐课，因为它不仅透露了时代变革的迹象，更与当时的社会现实密切相关。①

“戊戌变法”失败后，以梁启超为代表的改良派文人极力鼓吹音乐对思想启蒙的重大教育作用，积极提倡在学校中设立乐歌课，发展学校音乐教育。大约从1904年起，各种各样的唱歌书在国内陆续得以刊行，许多新学堂也逐渐开设“乐歌课”。至1905年，学校唱歌已成为当时社会文化生活中的一种新时尚。这些新的歌曲，当时称之为“乐歌”，后来音乐界将这时期的学校歌曲统称为“学堂乐歌”。学堂音乐的出现，体现了时代变革的轨迹。因为正是随着学堂乐歌的传播，西洋音乐的基础知识才开始在一般的中国人中得到初步系统的介绍，为我国现代音乐文化的发展提供了必要条件。

同时，学堂乐歌也是当时进步知识分子有意识地用以传播民主革命思想的一种手段。乐歌的内容，大部分反映的是当时中国的资产阶级及其知识分子的要求，比如学习欧美科学文明、实现“富国强兵”以抵御外侮等资产阶级民主主义和爱国主义思想。一些比较流行、具有代表性的歌曲如《何日醒》《中国男儿》《十八省地理历史歌》《黄河》《扬子江》等，都真实地反映出当时列强欺侮、国难当头的社会现实和生活状况。

学堂乐歌的发展，标志着我国资产阶级民主主义新文化在音乐领域里的萌芽，它不仅在思想启蒙方面给予当时的青少年学生以深刻影响，而且还使一种新的艺术形式，即群众集体唱歌的形式，在我国得以确立和发展。同时，学堂

---

① 详见汪毓和：《中国近现代音乐史》，人民音乐出版社1984年版。

乐歌也造就了一批传播现代音乐文化和创建、发展学校音乐教育的音乐家，如沈心工、李叔同等。多年之后的丰子恺，就成为这其中的一员。

音乐课将丰子恺等孩子们从暮气沉沉的“之乎者也”中解脱出来。当时的音乐教师名叫金可铸，平湖人，是学堂从嘉兴请来的，所教歌曲大都选自沈心工编的《学校唱歌集》。金先生还兼教体操，伴着操练时的一招一式，孩子们引吭高歌：“男儿第一志气高，年纪不妨小。哥哥弟弟手相招，来做兵队操。……将来打仗立功劳，男儿志气高。”个个唱得兴高采烈，意气风发。金先生教他们唱，更教他们理解歌词的内容和含意，为他们讲述祖国所蒙受的种种国耻，激发他们的爱国热情。丰子恺听后真是万分震动：“以前一直浑浑噩噩地过日子，现在才知道自己生活在这样危殆的祖国里。”以至于当他唱到《励学》中的“亚东大陆将沉没”一句时，心惊胆战，直觉得脚底下这块土地真的要沉下去似的。

丰子恺学会了许多新歌，有《体操—兵操》《励学》《祖国歌》《春游》《留别》《扬子江》《好朋友》等。丰子恺当时不可能知道，在他喜欢的这些歌曲里，有不少歌词的作者，正是他日后的恩师李叔同。

溪西两等小学堂后来经过改组，原有高等部分的学生归入新办的崇德县立第三高等小学校，校址仍设西竺庵。在校期间，丰子恺非常用功，勤修课程表上所有的一切功课。自称除了赚得一百分以外，更无别的企图与欲望。然而出乎所料的是，优异的成绩为他带来了意外之喜。1913年，崇德县举行小学校会考，丰子恺成绩优异，受到县督学徐芮荪的青睐。他亲自调了丰子恺的试卷来看，十分满意。又经了解，得知此生乃石门镇已故举人丰鐄之子，颇有家学渊源。于是便专程来到第三高等小学校视察，既查阅了丰子恺平时的作业，又目睹了他清俊的容貌，不禁起了爱才嫁女之心。徐芮荪回家后即托媒人到丰家说媒，想把自己的长女徐力民许配给丰子恺。母亲钟云芳认为自家是孤儿寡母，与崇德世家的徐芮荪门第不当，便婉言谢绝了。但终于架不住徐家的几番说合和一片诚意，便答应了他们的求婚，16岁的丰子恺与18岁的徐力民就此订了婚。

1914年初，丰子恺以第一名的成绩毕业于该校。小学时代，丰子恺做过两件未经母亲同意的大事。一件是为了适应当时地方选举的需要而改名，将父亲起的名字“丰润”由老师改成了“丰仁”。[1]一件是受学堂里一位具有民主思想的老师的影响，擅自剪掉了辫子。虽然此时民国政府已经建立，并于1912年2月2日发出通令：限民间于农历年底（公历2月17日）止一律剪辫，但在石门小镇上，剪辫还仍被视为大逆不道之事。母亲因之大哭一场，责令儿子在父亲的遗像前下跪，并将剪下的发辫套在红封套里保存了起来。

母亲的做法除了聊以自慰，其实已经没有什么实际作用了。在风云变幻的时代、社会变革面前，就连不识字、不懂时务的母亲，也已经深深地感觉到了旧时熟悉的一切，正在无可奈何地“花落去”。面对动荡不定的新时局，她就如同她自己所说的那样，是“盲子摸在稻田里”，无所适从了。丰子恺小学毕业回到家中，虽然成绩优秀，但是毕竟年少，对自己今后的前程问题，并无主张，仍是听由母亲决定。不知所措的母亲心中一片茫然，因为在清朝末年和民国建立的这一段时期，时事的变化十分剧烈，发生了许多可以称得上惊天动地的大事，例如科举的废除、学校的新兴、服装的改革、辫发的剪除等。这在独自坐守家庭、一字不识的母亲看来，每一样都是足以使她眼花缭乱的不测风云。加之石门又是一个远离大城市的小乡镇，免不了有些保守封闭的风气。当时乡里的人都嫌学校不好，希望皇帝再坐龙廷而复兴科举。有些在社会上活动且有声誉的亲友，还依旧请了先生在家里教授“四书”“五经”，或把儿女送入私塾。母亲虽然将儿子送进了学校，但这于前途是否有利，终究还是一个疑虑。现在，儿子小学毕业了，母亲的烦忧也更加深了。何去何从，颇难筹划。但一定要为儿子谋划一个好前程的意志，却是十分坚定。于是母亲走出家门，她要去请教乡贤，为儿子的未来从长计议。

乡　情

石门湾是个人口不满一万的小镇，运河及丰家所在的那条支流后河，共同

---

① 地方选举中的选民大多是不识字的小市民和农民，为了避免自己的名字被写错，当时兴起一股改名的风气，即把原先难写难认的字改成易写易认的字。

孕育滋润着小镇的生存和繁华。在丰子恺的笔下，后河宛如一座人生的舞台。它的两岸，几乎天天都在上演着喧腾热闹的人间戏剧。

后河是小镇与郊外农民的交通之地。石门附近有很多大小不等的村落，每日上午，农民都要到镇上做买卖。因为他们大多乘船而来，所以后河就成了必经之地。他们带来鸡鸭鱼肉、柴米蔬菜等产品，在沿河的两条大街上进行交易。人们摩肩接踵，熙熙攘攘，形成一派商贾辐辏的热闹景象。在这热闹的景象里，就有各色人等纷纷登场。

正剧的角色是柴主人阿庆，他的工作是肩扛一杆大秤，将农民挑来的柴介绍给镇上的人家，而他的嗜好则是拉胡琴。他孑然一身，无家庭之乐，也不吸烟、不喝酒，唯与音乐相伴一生。夏天的月夜，人们在河沿边乘凉，阿庆悠扬的琴声便是不可或缺的节目，引人入胜。“浔阳江头的琵琶，恐怕不及阿庆的胡琴”[①]。

同样孑然一身的癞六伯，其表现就稍有些许喜剧的色彩了。癞六伯是附近村里的一个农民，每日都到镇上交易。他的特色在于每日喝酒喝到饱和程度，便要上桥以叫骂的方式发泄一番，诸如“皇帝万万岁，小人日日醉”“你算有钱？千年田地八百主”，等等，时间约在上午10时。每日如此，十分准确，以至于人们把他的叫骂当作了时钟。比如丰子恺的母亲听见了，就会对家里的女工说：“好烧饭了，癞六伯骂过了。”这位癞六伯对丰子恺的母亲十分敬重，对丰子恺也是疼爱有加。他常常拿了最新鲜的时菜蔬果送到丰家，而丰子恺的母亲照例都是多多地付给他菜钱，不肯欺负这犟头倔脑的老实人。[②]

石门镇上沿着运河都是商店，只有男人们在活动；而后河则是女人们出场的地方了。“三个女人一台戏”，后河边上四位最为出名的老太婆凑在一起，少不了的嬉笑怒骂、串门遛户，张家长、李家短；也少不了的烧香拜佛、你帮我助，既行善又行乐，演出的就是一台台的闹剧了。有时候闹将起来，直要打得翻落到河里才算罢休。丰子恺与他的童年伙伴王囡囡坐在河边的竹榻上，回回

---

① 《阿庆》，《丰子恺文集》，第六卷，第742页。丰子恺对阿庆的音乐十分赞赏，称：“可见音乐感人之深，又可见精神生活有时可以代替物质生活。感悟佛法而出家为僧者，亦犹是也。”

② 《癞六伯》，《丰子恺文集》，第六卷，第670页。

都是看得惊心动魄，兴奋无比。莫五娘娘、定四娘娘、盆子三娘娘、何三娘娘，她们的作为就如她们的称谓一样，俗气、率直、自在、热情，充满了世俗人间的真性情和烟火味。[①]

后河边上最让丰子恺难忘的，就是他也参与其间的“儿童剧”了。这些剧中的角色众多，而担任主角的有五哥哥乐生和隔壁邻居王囡囡。五哥哥是丰子恺儿时最为亲爱的伴侣，他神情活跃、兴致勃勃，既有顽劣无赖到令人吃惊的把戏，也有用智力和技术发明的种种富有趣味的玩意儿。他的种种作为对儿时的丰子恺具有莫大的吸引力，以至于当时十分热心地欣赏追随于他，成年之后仍然十分热烈地怀念着他。[②]王囡囡是丰子恺的另一个童年玩伴，他教会丰子恺钓鱼、摆擂台、放风筝、爬树等种种游戏，真正是一个“儿童英雄”，“神情宛如童年的闰土”。然而在其成长之中，却被封建礼教所“杀”，待到长大，又活脱脱的是一个成年闰土。他的变化，引起丰子恺无限的感慨。[③]

后河更是抚育丰子恺成长的摇篮，他在这里启蒙，在这里完成小学学业，又从这里坐船起航，驶向更为广阔的外面的世界。为丰子恺的前程犯难的母亲，终于找到了指点迷津的高人，他就是第三高等小学校校长，也是她的邻居的沈蕙荪先生。

沈先生是丰家的亲戚，又是地方上德高望重的长者，更是一位具有新思想的知识分子。他为母亲说明了现在的学制，学生将来的出路，以及种种的忠告，并且表示愿意带着丰子恺，和他自己的儿子沈元君一起，去杭州投考新式中等学校。母亲作出了十分明智的选择，决定听沈先生的话，把儿子送到杭州去投考。

于是，在一个炎热的夏天的早晨，丰子恺跟着沈家父子，坐船前往杭州。临行前，母亲让丰子恺吃了她亲手做的米糕和粽子，以此暗示“高中”之意。因为从前丈夫去杭州考乡试的时候，婆婆就是给他吃这两种点心的。两代人的生活内容虽然已有截然的不同，但赴杭应考的经历却是十分的一致。在这相同

---

① 《四轩柱》，《丰子恺文集》，第六卷，第736页。

② 《梦痕》，《丰子恺文集》，第五卷，第272页；《乐生》，《丰子恺文集》，第六卷，第752页。

③ 《王囡囡》，《丰子恺文集》，第六卷，第689页。

的乡风民俗的接续中，母亲们的企盼更是不言而喻的相似。

对于这条养育了他的后河，对于这块养育了他的山川，对于这片养育了他的乡情，丰子恺眷恋终生。1975年4月，78岁高龄的他步履维艰地回到了故乡。温馨的、浓郁的乡情最后一次慰藉了他充满沧桑的心灵，诚挚的、感恩的书画最后一次献给了他善良纯真的乡亲。五个月后，丰子恺与世长辞。

现在，我们就要走出丰子恺的童年、少年时代了。在我们即将与丰子恺一起面临更为广阔的世界之前，让我们对他生命中这一段最初的年华，作一个理性的梳理：

备受宠爱、温暖和睦的童年家庭生活经历，在丰子恺的心灵深处铺垫下一层率真、温情、和善和内向的底色。他一生向往童真，热爱儿童，对于诈伪险恶的成人世界似乎有着与生俱来的排斥和抗拒；他爱儿爱女，眷恋家庭，对纷繁扰攘的外部世界似乎随时保持着旁观静望的清醒。这样的个性和品性，是否即由此底色生发而来呢？

同样，喧腾嘈杂、繁华热闹的童年乡镇生活经历，也在丰子恺的心灵深处铺垫下一层开朗、热情和乐观的底色。他一生热爱生活，热爱事业，虽历经磨难却从未放弃初衷；他广结善缘，乐于助人，虽皈依佛门却始终立身尘世。这样的处事和处世，是否又与此底色有关呢？

第二章　师恩如山

李先生做教师，以身作则，不多讲话，使学生衷心感动，自然诚服。夏先生则不然，毫无矜持，有话直说。而学生对他们的敬爱，则完全相同。这两位导师，如同父母一样。李先生是“爸爸的教育”，夏先生是“妈妈的教育”。

——丰子恺

择　校

丰子恺到了杭州，恰似出巢的小鸟，看到了广阔的天空。他看见的是学校林立，书坊和图书馆里书如山积，激发起他极大的求知欲。本来赴杭投考，心中就藏着父亲数考不中的阴影，现在又有了急于入学求知的殷切期愿，因此害怕入学考试通不过、落第回家的担忧就更深了。为此，丰子恺效法一起投考的乡人，同时报考了考试日期不同的甲种商校、第一中学和浙江省立第一师范学校。结果是成绩可喜，统被录取：甲种商校录取第一，第一中学录取第八，师范学校录取第三。那么到底选择哪所学校就读呢?

其实，母亲早在丰子恺赴杭投考之前，在学校的选择上，就已有了仔细的考虑，对他也作有切实的叮嘱。

母亲说：“商业学校毕业后必向外头的银行、公司等供职，我家没有父兄，你不好外出。中学毕业后须升高等学校和大学，我家没有本钱，你不好升学。”

因此便命他报考师范，因为当时乡里学校勃兴，教师缺乏，师范毕业后即可在家乡觅职，不必外出。再则师范收费低廉，家里也负担得起。[①]

母亲的决定真是明智的选择。随着中国社会近代化进程的发展，从20世纪初至1919年“五四”运动爆发之前，中国教育迈开了近代化的步伐。据当时的学部统计，至1909年，各地的新学堂总数已发展至52348所，学生1560270名。[②]到1917年，全国仅高等学校即已增至84所，学生19823人，其中有大学8所，学生3451人；专门学校65所，学生13501人；高等师范学校7所，学生1998人。[③]迅猛发展的教育事业，必然会对新式教育的师资力量产生巨大需求。母亲虽然目不识丁，但一旦当她接触了时务，便以自己的聪慧和敏锐摸准了时代脉搏，为儿子的前程作出了周详而又准确的选择。

然而当时的丰子恺，却正以一腔热望沉浸在求知之梦中，母亲的谋划在不谙世事而又心高气傲的少年人看来，全都是三五年以后的俗务，既渺茫又与求知的心愿无关，因此便全被他当作了耳边风。母亲的苦心、家庭的境况、自己的职业，全都不在他的考虑范围。

丰子恺最后还是选择了浙江省立第一师范学校就读，原因十分简单，仅仅只是因为他看了各校的状况，觉得师范学校规模最大，似乎最能满足他的求知欲。当然，这个选择毕竟还是契合了母亲的苦心，因此，皆大欢喜。

择校的结果不仅令母亲满意，而且似乎在冥冥之中，也暗承了父亲一生未竟的遗愿。学校的校址，即位于杭州贡院旧址。而贡院，则正是其父多次参加乡试的考场之所在。这里是父亲屡试屡败的伤心地，更是他一朝高中的得意场。如今不知是偶然的巧合还是别有意味的机缘，儿子的人生也走到了这似曾相识之处。他在这里，又将是一番怎样的造化？他将走出的，又会是一条怎样的道路呢？

---

① 《旧话》，《丰子恺文集》，第五卷，第181页。

② 《中国近代史记（1840—1919）》，第413页。

③ 黄元起主编：《中国现代史》，河南人民出版社1982年版，第15页。

浙江省立第一师范学校

浙江省立第一师范学校成立于19世纪末，时名浙江省官立两级师范学堂。这是一所在学习西文、建设和发展新式教育的时代潮流中应运而生的新式学堂，它的校园布局、建筑和教师都与旧时书院截然不同。除建有七进崭新的教学大楼，还有一系列的附属建筑：健身房、附属小学、音乐与手工教室、食堂、宿舍等，是当时浙江省规模最大的一所学府。成立之初，所聘教师绝大部分都是从日本留学归来的学子，同时还聘有多名日籍教员。当时，许多文化名流都曾在此执教，如沈钧儒、沈尹默、周树人（鲁迅）、马叙伦等。1912年，聘请赴日留学归国的经亨颐任校长。经亨颐又以他的魄力和慧眼聘请了李叔同、夏丏尊、单不厂[①]、堵申甫、姜丹书、王更三、陈望道、刘大白等许多新文化运动的干将、中国文化界的精英来校任教，为浙一师打造出浓厚的文化氛围和强大的师资力量，使之成为当时江南新文化运动的一个中心。1913年，学校改名为浙江省立第一师范学校。

丰子恺考取的是浙一师的第五届预科班，共招学生八十余人，分为甲、乙两班，丰子恺编入的是甲班。时任校长即为经亨颐，教师有李叔同、夏丏尊、单不厂、堵申甫等。

丰子恺进校时，第一位国文老师兼班主任是单不厂（1877—1929）。单先生很喜欢这位朴实而腼腆的少年，经常给予鼓励。但他只教了一个学期即离校去家乡的一所学校任教。临行前，他为丰子恺取了“子觊”这个字号作为纪念，并鼓励他继续学好国文。后来，丰子恺便干脆以此为名，再后来又把“觊”改成了“恺”，一直沿用下来，以至原来的名字丰润、丰仁等反而被人们遗忘了。

在民国以前，整个中国只有南京两江师范学堂（后改称南京高等师范）设有图画科，但其中的国画课只授临摹，西画课也只授临摹与静物写生。由于国内没有师资，西画课聘的是外国传教士。至于音乐一门，更因没有专门机构培

---

① 单不厂，“厂”同“庵”，多用于人的字号。

养而无师资来源，大多由日本教席担任。加上图画、音乐不算正式课程，不是会考科目，历来受人轻视，教员地位低下，即使有几个热心者，也只能倡导一时而后继乏人。具有远见卓识、重视艺术教育的经亨颐莅校之初，就决心改变这种局面。他在初任两级师范学堂教务长之时，即决定开设图画音乐专修科，并于1912年秋，聘请到声名显赫的李叔同到校主持。

当时校中的专任艺术教师共两位，另一位就是丰子恺入校时教授他图画课的姜丹书。姜丹书（1885—1962）是我国自己培养的第一代艺术教育老师，生性乐观健谈，上课时教室气氛活跃，学生笑声不断，他与丰子恺保持了一生的师生情谊。

至1915年，丰子恺二年级时，图画课改由李叔同教授，丰子恺由此走上艺术人生之路。

丰子恺以单纯的想法选择了浙一师，却幸运地投身到了一个名师荟萃、新文化气氛浓郁的学术文化和艺术教育中心。尤其是与李叔同、夏丏尊两位恩师的相遇相知，不仅成就了他一世的英名，更为后世写下众多足以深长思索的文化传承的佳篇。

李师叔同

李叔同是我国最初赴日学习西洋绘画、音乐、话剧，并把这些艺术传到国内来的先驱者之一。他在日本留学六年，1911年3月毕业回国。1912年秋天，他应经亨颐之聘，到杭州浙江省官立两级师范学堂担任图画和音乐教员，改名李息，号息翁。1918年旧历七月十三日，李叔同结束学校教务，至虎跑定慧寺从皈依师了悟老和尚披剃出家。同年农历九月，他到杭州灵隐寺受具足戒，从此成为一个比丘，法名演音，号弘一。

一代翩翩公子、艺术大师为何遁入空门，成了一个芒鞋锡杖、云游四方的高僧，后人对此有众多的评说解释。笔者以为，对于李叔同的出家，有诸如时代社会环境、个人遭遇等外在客观因素的影响，但更深刻的缘由还在他的内心深处，是他主动积极选择的结果。李叔同的出家为僧，绝非像有些人所说的那样是消极避世、从时代潮流中退身落荒的行为，而恰恰是他在艺术的境界之外，为自己寻找的一片足以“行大丈夫事”的宏大世界。

我们只要仔细地推究和品味李叔同的一生，就不难发现他是一个终生沉浸在心灵生活之中，执着地追求善与美的天才。这种心灵生活同时包含两个层面的境界：其一是对于社会众生心灵问题的终极关怀，另一则是对自我心灵的完善和修炼。前者正与他“认真”的性情相合，而后者则表现为多才多艺的生活轨迹。两者的结合，正是他一生始于从艺、终于苦行并皆成大器的善美人生。

李叔同是个多才多艺的人，他以多才多艺的天性禀赋，于20世纪的第一个十年中，在文学、美术、音乐、话剧、书法、篆刻等领域中取得了开拓性的成就，奠定了他一代艺术大师的地位。然而就笔者看来，李叔同在艺术上的所有这一切作为，就其初衷来看，似乎并不是为了能在艺术史上占据一席之地，而只是出于自我艺术价值的实现，是自我人格、心灵修炼的艺术化体现。我们今天再来看李叔同，撇开政治、社会等因素，只从他气质、禀赋的本质来看，李叔同实在只是个一意沉浸在幻想世界中追求精神生活的人，诗词骚赋、金石书艺、音乐绘画，是其所学、所长和所钟情之所在。这些艺术的境界往往空灵虚幻，关乎的是人的精神与心灵的层面，而于实际生活无所实用，于实际社会更是无从把捉。李叔同长年浸淫其中，追求的就是满足其精神生活的需要。而艺术与宗教同属人类文化中最为精粹的部分，它们二者之间的距离是如此接近，以至于成为一对如影随形的姐妹。因此，如果将艺术的爱好与需要推向极端，是很容易与佛法接轨的。李叔同最后走向佛门，就是这种精神生活需求的必然结果。当多才多艺的禀赋在世俗生活的层面发挥到了极致以后，李叔同在现实生活中的路也就走到了尽头。他要继续满足他精神上的需求，他要继续他自我心灵的修炼，就需要有一番新的开拓，于世俗生活之外另寻洞天。

进入佛门，弘一法师依旧多才多艺。他并未如了结尘缘般地了结他所有的艺术才华和作为，而是尽心尽力地致力于以艺术形式弘扬佛教。他弘法东南，足迹所至，处处留下佛经墨宝以结法缘。

佛门中的弘一法师执着认真、孤独寂寞，一如他以往的人生。曹聚仁先生说：“弘一法师出家后，刻苦修行，治梵典勤且笃，和太虚法师那些吹法螺的上人又不相同。他在和尚队伍中，该是十分孤独寂寞的吧！”[①]俗家生活时的李叔同，就是一个孤僻寡言、耐得寂寞的人。出家为僧后，更把“寡言”作为必须谨守的信条：“此事最为紧要。孔子云：‘驷不及舌’，可畏哉！”[②]他对僧人聚众闲谈的恶习深恶痛绝：“出家人每喜聚众闲谈，虚丧光阴，废弛道业，可悲可痛！”[③]因此要求诸僧养成“不闲谈”的习惯。

弘一法师出家为僧的1918—1942年，正是中国近代佛教发展史上一段风起云涌的时光，以太虚为代表的佛教改革在社会上掀起轩然大波，以致哲学、教育、文学、艺术、经济、社会慈善业等各方面无不受到巨大的冲击和影响。而在佛教界内部，更是派别林立、纷争四起。以太虚为首的激进派与以圆瑛为首的温和派由意见分歧发展为水火对立，在中华佛教总会召开的各届全国佛教徒代表大会上你争我夺、互相攻讦，以致原来的师兄弟决裂而为路人。与此同时，弘一法师却正往来于浙、沪、赣、闽，访学弘法，并于浙江温州庆福寺、杭州吴山常寂光寺闭关，诵经著述。本来，以弘一法师出家前的社会影响和出家后的精严修行，再加上他与太虚原本就有的熟悉关系，要在佛教组织内谋取个“一官半职”实在易如反掌。然而，弘一法师出家之后，历经大小寺院，已然深刻地认识到佛门也是社会的一面镜子，悟见大乘菩萨度尽世人方得自度的深意。因深“慨僧界之所以往往为世垢病者，咸以不守戒律故”[④]，遂于1931年在浙江上虞白马湖法界寺佛前发下誓愿，毕生专学专弘南山律，并身体力行，终其一生持戒苦行，以自己人格的力量弘扬佛教，改变佛教的社会形象。

李叔同的性情禀赋、人格修养、价值取向，他在1918年做出的出家皈佛的人生抉择，不仅在当时海内外引起巨大社会反响，也在他浙一师的朋友与学生中造成了一种独特的精神连锁反应。当时整个校园的气氛中，弥漫着一股惘然若有所失的思想情绪，以至于经亨颐校长不得不为之作公开的表态。在经先生

---

① 曹聚仁：《李叔同先生》，见余涉编《漫忆李叔同》，浙江文艺出版社1998年版，第145页。

② 弘一法师：《改过实验谈》，见《禅灯梦影》，武汉出版社2009年版，第64页。

③ 弘一法师：《改习惯》，见《禅灯梦影》，第57页。

④ 姜丹书：《弘一法师传》，转引自《传统佛教与中国近代化》，华东师范大学出版社1994年版，第180页。

的日记中，有两处提到此事。

1918年6月30日：

> 下午五时又至校，校友会为毕业生开送别会，余述开会辞，隐寓李叔同入山，断绝之送别，非人生观之本义。

1918年7月10日：

> 晴。九时赴校行终业式。反省此一学年间，校务无所起色。细察学生心理，尚无自律精神，宜稍加干涉。……漫倡佛说，流毒亦非无因。故特于训辞表出李叔同入山之事，可敬而不可学，嗣后宜禁绝此风，以图积极整顿。①

深受李叔同赏识的及门弟子丰子恺，所受影响尤深。他在艺术造诣上幸承李先生的亲炙，而在思想修养上更是一生追随于先生之左右。

夏师丏尊

单不厂离校后，国文改由留日归国的夏丏尊教授。

与李叔同的狷介认真、好静寡言相比，夏丏尊则是多愁善感、古道热肠。他在浙一师的13年间，任舍监，司训导，兼授修身、国文、日文，视生如子，爱护备至。他在学生面前毫无矜持，对学生都是率直开导，而不用敷衍、欺蒙、压迫等手段。学生们最初觉得忠言逆耳，看见他的头大而圆，就给他起了个“夏木瓜”的诨名。但后来大家都知道夏先生是真心爱护他们，这绰号就变成了爱称而沿用下去。凡学生有所请愿，大家都说：“同夏木瓜讲，这才成功。”他听到请愿，也许暗呜叱咤地骂一顿；但如果愿望合乎情理，他就当作自己的请

---

① 浙江图书馆藏稿本《经亨颐日记》，浙江古籍出版社1984年版，第92、96页。

愿，而替你设法了。请愿之外，就是日常生活琐事，他也事事操心。偶然走过校园，看见年纪小的学生弄狗，他要管："为啥同狗为难！"放假的日子，学生出门，夏先生看见了便喊："早些回来，勿可吃酒啊！"学生笑着连说："不吃，不吃！"赶快走路。走得远了，夏先生又想起来了什么，便又大喊："铜钿少用些！"学生们一面笑他，一面实在是感激他，敬爱他。丰子恺曾十分形象地把夏先生的教育，称为"妈妈的教育"。

夏丏尊在浙一师时与李叔同方始相识，但很快就意气相投，成为最为相得的至交。他对李叔同十分敬佩：

> 在这七年中我们晨夕一堂，相处得很好。他比我长六岁，当时我们已是三十左右的人了，少年名士气息，忏除将尽，想在教育上做些实际工夫。我担任舍监职务，兼教修身课，时时感觉对于学生感化力不足。他教的是图画、音乐二科，这两种科目，在他未来以前，是学生所忽视的。自他任教以后，就忽然被重视起来，几乎把全校学生的注意力都牵引过去了。课余但闻琴声歌声，假日常见学生出外写生。这原因一半当然是他对于这二科实力充足，一半也由于他的感化力大。只要提起他的名字，全校师生以及工役没有人不起敬的。他的力量，全由诚敬中发出。①

曹聚仁谓李叔同："性情孤僻，律己极严，在外和朋友交际的事，从来没有，狷介得和白鹤一样。"②其实李叔同也并非就是这样的孤僻狷介，不近人情，只是因人而异罢了。他与夏丏尊一起交谈优游，也是常事。李叔同曾有《西湖夜游记》文，记的就是他与夏丏尊、姜丹书在西湖的一次游览：

> 于时晚晖落红，暮山被紫，游众星散，流萤出林。湖岸风来，轻裾致爽。乃入湖上某亭，命治茗具。又有菱芰，阵粲盈几。短童侍坐，狂客披

① 夏丏尊：《弘一法师之出家》，见《漫忆李叔同》，第31页。

② 曹聚仁：《李叔同先生》，见《漫忆李叔同》，第142页。

襟，申眉高谈，乐说旧事。庄谐杂作，继以长啸，林鸟惊飞，残灯不华。起视明湖，莹然一碧，远峰苍苍，若现若隐，颇涉遐想，因忆旧游。①

清词丽句，似落英纷陈，其情其景，实令人神往。

夏、李二先生的知遇之交，并没有随着李叔同的出家或夏丏尊的离杭而中止，而是随着时间的推移愈益加深，终至成为终身的挚友。对于李叔同的出家，夏丏尊开始时一直有着深深的自责，认为是自己向他提供了“断食”方法，而促使他走上了这条路。但是，随着时间的推移，他的看法也发生了变化：

近几年来，我因他的督励，也常亲近佛典，略识因缘之不可思议，知道像他那样的人，是于过去无量数劫种了善根的。他的出家，他的弘法度生，都是夙愿使然，而且都是希有的福德，正应代他欢喜，代众生欢喜，觉得以前的对他不安，对他负责任，不但是自寻烦恼，而且是一种僭妄了。②

至此，夏丏尊表示出对李叔同的入山修行十分理解和赞许。而他自己则一生只是居士，虽有过出家的闪念，虽也时常在家吃素护法，虽然在为尘世俗事愁苦之时常有弘一法师用佛法好言劝慰，但终究没有迈出最后的一步，以致在尘世之中承受着几十万斛的忧愁，忧伤至死。这种情形，李、夏二人共同的学生丰子恺在后来追忆夏先生的《悼丏师》一文中说得十分明白：

……夏先生虽然没有做和尚，但也是完全理解李先生的胸怀的；他是赞善李先生的行大丈夫事的。只因种种尘缘的牵阻，使夏先生没有勇气行大丈夫事。夏先生一生的忧愁苦闷，由此发生。

凡熟识夏先生的人，没有一个不晓得夏先生是个多忧善愁的人。他看

---

① 李叔同：《西湖夜游记》，见《漫忆李叔同》，第67页。

② 夏丏尊：《弘一法师之出家》，见《漫忆李叔同》，第35页。

见世间的一切不快、不安、不真、不善、不美的状态，都要皱眉，叹气。他不但忧自家，又忧友，忧校，忧店，忧国，忧世。朋友中有人生病了，夏先生就皱着眉头替他担忧；有人失业了，夏先生又皱着眉头替他着急；有人吵架了，有人吃醉了，甚至朋友的太太要生产了，小孩子跌跤了……夏先生都要皱着眉头替他们忧愁。学校的问题，公司的问题，别人都当做例行公事处理的，夏先生却当做自家的问题，真心地担忧。国家的事，世界的事，别人当做历史小说看的，在夏先生都是切身问题，真心地忧愁，皱眉，叹气。故我和他共事的时候，对夏先生凡事都要讲得乐观些，有时竟瞒过他，免得使他增忧。他和李先生一样的痛感众生的疾苦愚迷。但他不能和李先生一样地彻底解决人生根本问题而行大丈夫事；他只能忧伤终老。在"人世"这个大学校里，这两位导师所施的仍是"爸爸的教育"和"妈妈的教育"。①

在丰子恺的人生道路上，夏丏尊并非只是他学生时代的恩师，更是漫长生活道路上相互扶持、相互慰藉的知交。丰子恺后来从日本回国后，就与夏先生共事。20年间，常与夏先生接近，受他的教诲。在丰子恺眼中，夏丏尊是他一生的导师。

学生时代

学生时代的丰子恺，对两位恩师往昔的作为、当时的心境以及思想情绪上的种种波澜当然并不清楚。十七八岁的一个大少年，抱着求知的欲望来到学校，看见的只是巍峨的高楼、浩瀚的图书、各种各样的老师和同学，真是满心的欢喜。

然而这欢喜不久就变成了懊悔，因为在浓郁亲情中泡大的他不习惯寄宿学校的集体生活，同时对学校预科的课程设置也十分不满。他真是后悔当初没有

① 《悼丏师》，《丰子恺文集》，第六卷，第159页。

进入以教授知识学科为主的中学，却进了这所培养小学教员的师范。恰在此时，他结识了同年级一位名叫杨伯豪的同学。

伯豪是一个头脑冷静、个性鲜明而志向卓绝的少年，他因有志于师范教育而入此校，却对学校严格的规章制度和上课纪律十分反感，常常旷课缺席，管自在藏书楼中诵读自己喜欢的《昭明文选》《史记》《汉书》等书。即使常受学监、舍监的训斥和同学的取笑，依旧是我行我素，不予理睬。他比丰子恺稍大些，在生活上对丰子恺很照应，常常带了他到西湖的山水间去玩。生活之外，杨伯豪对丰子恺在思想上的影响更大。丰子恺原本“真不过是一个年幼无知的小学生，胸中了无一点志向，眼前没有自己的路，只是因袭与传统的一个忠仆，在学校中犹如一架随人运转的用功的机器”。而正是杨伯豪的话，使他“忽然悟到了自己：……我究竟已是一个应该自觉的少年了。他的话促成了我的自悟”。以致当一年后杨伯豪终于辞校归家后，丰子恺在惊讶惜别之余，更有一腔的愤愤不平。

杨伯豪启发了少年丰子恺最初的对于人生和世事的自觉意识，值得注意的是这种自觉意识的主体，是对于人世的“反感”“厌恶”和“厌倦”。小小的年纪而有如此的情绪，就一个人积极进取的人生发展取向来讲，并不是什么值得肯定的事情。从这角度来看，杨伯豪虽然是丰子恺自我意识、社会意识觉醒的启蒙者，是丰子恺十分同情和关切的一个兄长一样的朋友，但其消极的影响也是客观存在的。十余年后的1929年，杨伯豪去世，丰子恺为他写了《伯豪之死》一文。文章是这样结尾的：

> 世间不复有伯豪的影踪了。自然界少了一个赘累，人类界少了一个笑柄，世间似乎比从前安静了些。我少了这个私淑的朋友，虽然仍旧战战兢兢地在度送我的恐惧与服从的日月，然而一种对于世间的反感，对于人类的嫌恶，和对于生活的厌倦，在我胸中日渐堆积起来了。[①]

---

① 以上引文均见《伯豪之死》，《丰子恺文集》，第五卷，第66、67、71、73页。

这正是他从弘一法师皈依三宝后的第二年。这一年中，他相继写下了《秋》《渐》《大账簿》《缘》等一系列表现世事无常、人生如梦的随笔。

这种情绪的产生，也与丰子恺当时的处境有很大的关系。那时他刚从熟悉、亲切的家乡小镇来到这纷繁热闹却又陌生的大城市，来到周围都是陌生的人、陌生的事的学校，孤独与寂寞的感觉自是不可避免。我们从他当时所作的诗词中，不难感觉到这种情绪的流露："嫣红姹紫无消息，赢得是新愁。故里音书寂寂，客中岁月悠悠。"而据丰一吟的回忆，丰子恺曾对他们说过，当时因为思乡心切而又无人可以倾诉，竟在一日独自跑到一个僻静的去处，放声高歌一曲《可爱的家》!

好在预科以后，课程设置上的知识性学科渐多，同时随着交往的加深，身边志趣相投的朋友也日多。原来学校并非那样的可恶，而同学也并非如往昔那般的可厌了。丰子恺的心态得到了调整，又成了小学时代那个努力勤奋、刻苦攻读的好学生了。一、二年级时，他的各门功课都成绩优异，在同学中名列前茅，从而博得了学校的器重，经亨颐校长在全校大会上，宣布丰子恺为浙一师的模范生。

然而三年级以后，这样的情形发生了变化，丰子恺的成绩一落千丈。究其原因，一方面固然是他所不愿学的教育与教授法在三年级以后占了课程的主体，另一方面更重要的原因，则与李叔同有关。

在当时的中国艺术界，李叔同在众多领域都是首开风气、独领风骚的人物。其中在浙一师进行的艺术教育实践，更是令人耳目一新。

李叔同教授的音乐、图画两门功课，在课程表上的钟点，还是按照当时的规定，并不增多。但他要求的课外学习时间，比其他功课都要多，都要勤。早餐、午餐后到上课前，下午4点以后，晚餐后到睡觉前，都是练习绘画或弹琴的时间。除了必要的课外活动，李叔同要求学生们将一切可以利用的时间，都用在绘画、音乐的练习上。他还要求浙一师按照他的教学设计，建造了两个专用教室。一个是开有天窗的图画教室，两边高敞的玻璃窗上挂着落地长帘，室内排列着二三十个画架，桌上摆的是从日本购进的各种石膏模型。另一个是单独建于校内、四面装有玻璃窗的音乐教室，里面两架钢琴居中，沿墙摆着五十多架风琴。这样先进、齐全的教学设备，在当时国内是独一无二的。就在这两个教室中，李叔同先后开设了素描、油画、水彩、图案、西洋美术史、弹琴、作曲等课，还开设了写生课，为中国近代艺术教育进行了一系列开创性的实践，培养了一大批日后在音乐、美术领域卓有成就的人才。

李叔同在浙一师开设的写生课，改变了我国历来临摹画帖的状况。写生分室内写生和室外写生。室内写生又分画石膏像和模特儿，包括人体模特儿。室外写生则领着学生到西湖或其他风景区画风景。为了便于写生，在李叔同的倡议下，学校给学生们定造了两条西湖划子。

李叔同在浙一师开设西洋美术史课程，自编讲义，亦属国内首创。这本讲义是近代中国人自己撰写的第一部西洋美术史，填补了中国美术教育的一个空白。他出家后，学生吴梦非曾筹划出版，可惜被他阻拦而未能付梓，最后连原稿也遗失了。

课堂上，李叔同那不教临摹而重石膏写生的教法，令丰子恺感到无限的惊奇，又十分的暗合心意，更开启了他的美术天赋，并使之得以充分表现。他的写生技术进步极快，引起李叔同的注意：

> 有一晚，我为了别的事体去见李先生，告退之后，先生特别呼我转来，郑重地对我说："你的画进步很快！我在所教的学生中，从来没有见过这样快速的进步！"李先生当时兼授南京高等师范及我们的浙江第一师范两校的图画，他又是我们所最敬佩的先生的一人。我听到他这两句话，犹如暮春的柳絮受了一阵急烈的东风，要大变方向而突进了。①

李先生在那个晚上对丰子恺说的那番话，其发生的作用是不可轻估的：

> 当晚这几句话，便确定了我的一生。可惜我不记得年月日时，又不相信算命。如果记得，而又迷信算命先生的话，算起命来，这一晚一定是我

① 《旧话》，《丰子恺文集》，第五卷，第184页。

一生中一个重点关口。因为从这晚起，我打定主意，专门学画，把一生奉献给艺术，直到现在没有变志。①

从此，丰子恺就像着了魔似的迷上了西洋画，对学校里的其他功课起了大大的懈怠之心，从一个遵章守纪、门门功课名列前茅的模范生，变成了逃课好手。常常放弃了教育和教授法课程的学习，而到西湖边去写生作画。结果是成绩一落千丈，从以前的学期考试名列第一，变成有的功课竟考末名。

俗话说："名师出高徒。"我们完全可以预料，丰子恺成为一个西洋画高手的前程，真是指日可待。然而，结果却十分遗憾。此后不久的1918年旧历七月，李叔同结束了俗世的一切事务，飘然出家，皈依了佛门。丰子恺于转瞬之间，在精神和艺术学业上都失去了敬爱的导师，失去了本来依托而上的支柱。精神上的寂寞、惶恐和学业上的无助、迷惘，深深地使他失望，并一度令他对自己以前的选择懊悔万分：

我在第一师范毕业之后，果然得到了两失的结果：在一方面，我最后两年中时常托故请假赴西湖写生；我几乎完全没有学过关于教育的学科，完全没有到附属小学实习，因此师范生的能力我甚缺乏，不配做小学教师。在另一方面，西洋画是专门的艺术，我的两年中的非正式的练习，至多不过跨进洋画的门槛，遑论升堂入室？以前的知识欲的梦，到了毕业时候而觉醒。母亲的白发渐渐加多。我已在毕业之年受了妻室。这时候我方才看见自己的家境，想到自己的职业。②

丰子恺就这样结束了他的学生时代，带着对母校和恩师的崇敬，带着对母亲的歉疚，更带着对未来的憧憬和迷惘，跨出了校门。

---

①《为青年说弘一法师》，《丰子恺文集》，第六卷，第149页。

②《旧话》，《丰子恺文集》，第五卷，第184页。

西　湖

丰子恺回到故乡石门镇，与新婚妻子、母亲和家人团聚，他要在这里小住，思考并决定他人生的下一步。且让他静静地思索，我们先来说一说杭州西湖。

西湖以及杭州，是丰子恺的第二故乡，更是他一生的精神家园。而此家园的构筑，最早的建基就在其浙一师时的求学生涯。

杭州西湖是很多人心中向往的“天堂”。早在丰镄赴杭州应乡试时，丰八娘娘就叮嘱过他：“到了杭州，勿再埋头用功，先去玩玩西湖。胸襟开朗，文章自然生色。”可见她的胸怀、见识，自非一个俗人。丰子恺求学期间，西湖自然成了他最好的去处。一是游览风景名胜，一是作为实地写生的场所去练习画艺。为此他几乎踏遍了西湖的山水，行踪所至，甚至及于人迹罕至的无名荒野。但不论哪个目的，都还只是少年人赏心悦目的优游而已，对杭州、对西湖，他尚无多少深入的了解。

杭州是我国六大古都之一，五代吴越国和南宋赵氏王朝均以此为国都。及至元代，有如《马可·波罗游记》中所说，杭州已是当时“世界上最美丽华贵的城市”，“人处其中，自信为置身天堂”。经明清两代的经营，杭州的风景之秀、西湖之美，闻名遐迩。同时，杭州还富于浓重的宗教气息。据历史记载，早在东晋咸和元年，僧慧理即在飞来峰下建灵隐寺，从那时起，杭州即有“佛国”之称。笃信佛教的吴越国三代五帝，在保护开发西湖、创建扩建寺宇方面，业绩显赫。杜牧《江南春》诗所称的“南朝四百八十寺，多少楼台烟雨中”，其中就有不少杭地寺宇。这样的一个杭州，自然成了淡泊处世、专注于艺术的人倾心向往的理想所在。李叔同与西湖，就有这样一层内在的因缘。经亨颐曾于1932年9月为《弘一上人手书华严集联三百》作过一篇跋文，在提到李叔同与西湖的关系时说：“上人性本淡泊，却他处厚聘，乐居杭，一半勾留是此湖；由其出家之想，亦一半是此湖也。”就勾留的那一半来说，以李叔同当时的心态，杭州的独特景观和氛围，是吸引他的一个原因。

从夏丏尊开始，直到现在的研究者中，一直都有一种说法：正是西湖周边浓郁的香风和摇曳的烛影，汇聚成无量数深厚莫测的因缘，吸引着李叔同走进了佛门。这个说法有一定的道理，起码在当时的杭州，因为国学大师马一浮的影响，确实在知识分子中形成了研佛、信佛的浓厚氛围。

丰子恺不仅生活在这样的氛围中，而且还与其中的核心人物有着密切的联系。李叔同不但教他音乐、图画，还带着他去访问马一浮，其时就在他出家前的某一日。如此想来，丰子恺与佛也是大有机缘。但是，他那时只是一个20岁上下的懵懵懂懂的大少年，而全部的兴趣和精力则正专注于音乐与木炭画的练习上。即使面对佛学大师马一浮而坐时，丰子恺所做的也还只是一味地“对他作绘画的及音乐的观察”，并十分遗憾无法用木炭画描出他“那坚致有力的眼线”。对于两位大师之间决定命运的谈话，他是“全然听不懂”，“只是片断地听到什么‘楞严’‘圆觉’等名词，又有一个英语‘Philosophy（哲学）’出现在他们的谈话中。这英语是我当时新近记诵的，听到时怪有兴味。可是话的全体的意义我都不解”。①

即使后来亲历了李叔同的出家，亲自将他送到虎跑寺山门前，丰子恺有的也只是师生间的惜别。甚至连这惜别，也并无现在有些传记中所渲染的那般依依不舍。因为李叔同入山后，丰子恺和他的同学依旧常去寺中看望，不仅是恭敬问候，而且也请教画艺。②只是从此改口，称其为“法师”罢了。正如曹聚仁所言：李先生出家后，同学们“有时走过西泠印社，看见崖上的‘印藏’，指以相告，曰：‘这是我们李先生的。’那时彼此虽觉得失了敬爱的导师的寂寞，可也没有别的人生感触”。③

看明湖一碧，六桥锁烟水。塔影参差，有画船自来去。垂杨柳两行，绿染长堤。飏晴风，又笛韵悠扬起。

看青山四围，高峰南北齐。山色自空濛，有竹木媚幽姿。探古洞烟霞，翠扑须眉。雪暮雨，又钟声林外起。

---

① 《陋巷》，《丰子恺全集》，第五卷，第203页。

② 沈本千：《虎跑求教记略》，见《漫忆李叔同》，第163页。

③ 曹聚仁：《李叔同先生》，见《漫忆李叔同》，第143页。

大好湖山如此，独擅天然美。明湖碧无际，又青山绿作堆。漾晴光潋滟，带雨色幽奇。靓妆比西子，尽浓淡总相宜。

吟唱着李叔同作词的《西湖》，丰子恺徜徉在杭州美丽的春色之中。此时，他因求学而初识西湖，看见的只是她空漾清幽的湖光山色，却尚不能解读那起自林外的钟声。然而，纵然是那样的单纯，那样的少年不识愁滋味，他终究已是一个成长中的少年，杨伯豪的遗世独立启发了他的自我意识，母亲的白发让他明白了生活的不易和自己的责任。那么，西湖周边的佛声塔影，自己师友的学佛为僧，也就不会那么轻易地随风而去了。

1919年的秋天，丰子恺结束了他为期五年的求学生涯。五年间，他以全身心开放的姿态，吸取着时代和社会环境提供给他的养料，迅速成长：从一个以土法描画为乐的乡镇“小画家”，成长为一个经过科学训练的艺术学科高才生；从一个快乐单纯的乡镇少年，成长为一个具有一定阅历的城市青年；从一个温馨大家庭中的宠儿，成长为一个初通世事、思考人生的知识分子。虽然，他的学业还只达到初等水平，他的阅历也大多限于校内师友，他的思想远远没有成熟，尤其是他决意奉献一生的艺术事业，更处于停滞难前的境地，所有的这一切，都令他十分的迷惘，但是，根本的一点是不容置疑的，那就是浙一师的这五年，在它刚刚结束的时候，似乎带给丰子恺的是迷惘，然而丰子恺一生的走向，其实在此时已经有了不容改变的奠基：他生命中最为重要的人物，都已经出现；他精神品格中最为重要的因素，都已经悄悄地融入；他以艺术为生的生存方式，他立身处世的信念原则，都已经有了基本的雏形。

丰子恺是十分幸运的，在他少年负笈求师的人生关键时刻，遇到了时代大潮中的大师级人物。他以自己的天赋和勤奋获得了他们的青睐和悉心栽培，他们则将他直接带入了那个时代文化活动的中心，引导到那个时代艺术发展的顶峰。如山师恩，托起了他思想、事业不同寻常的起点。

第三章　友情是水

我以为世间人与人的关系，最自然最合理的莫如朋友。君臣、父子、昆弟、夫妇之情，在十分自然合理的时候都不外乎是一种广义的友谊。所以朋友之情，实在是一切人情的基础。“朋，同类也。”并育于大地上的人，都是同类的朋友，共为大自然的儿女。

——丰子恺

去上海：创业的热情

20世纪初的上海，在中国美术教育史上，是一个十分重要和活跃的舞台。1911年夏，我国第一所私立美术学校——中西美术学校[①]成立于上海，创办人为周湘。周湘（1871—1934），字印侯，号隐庵，又号灌园，原籍上海。1898年戊戌变法时，出走日本，以书画篆刻自给，后赴欧洲学西洋画。该校是一所脱胎于旧式师徒制的学校，招生授徒，以培养布景画人才为主。此后，1912年11月，上海图画美术院开创，1913年1月正式成立，创办人为校长刘海粟、教务长丁悚等。曾六迁校址，至1922年自建校舍，落成于旧法租界的菜市路。当时国内的美术学校发展迅速，不仅在上海、广州等沿海城市，就连内地也有很多学校建立，如苏州美专（建于1922年）、武昌艺专（建于1921年）、西南艺专

① 此校后改名为中华美术学校，也有称为布景画传习所的。

（建于1925年）、新华艺专（建于1926年）等。这些美术学校的兴起和发展，是与当时“五四”新文化运动的要求和“振兴实业”的社会需要相适应的。

社会对美术师资的急需和洋溢在大都市上海的创办美术学校的文化氛围，为有志于发展中国美术教育的青年才俊们提供了广阔的创业天地。丰子恺正是在这样的背景下，来到了上海。

1919年秋，丰子恺应浙一师同学吴梦非、刘质平之邀，赴上海共同创办上海专科师范学校。吴梦非于1908年入浙江两级师范学堂，毕业于高师图音专修科。刘质平比丰子恺高两级，毕业后即去日本留学，此时刚刚回国。他们有感于国内艺术师资的缺乏，也为当时兴办美术学校的景况所鼓舞，决心以私人财力创办一所培养图画、音乐及手工教员的学校。吴、刘二人都是李叔同的得意弟子，由于这样一层同门学友的关系，当他们得知丰子恺闲居家中，于前途、工作意甚难决时，便邀请他一起到上海共创事业。这对丰子恺来说，正合他为艺术事业献身的夙愿，于是一拍即合。

上海师范专科学校设在上海小西门黄家阙路一条弄堂内，因为这一带的房价比较低廉。他们租了几幢房子，便正式开学了。学校分高等师范科和普通师范科，以培养中小学艺术教师为宗旨。男女同学，学制两年。当时由吴梦非任校长，丰子恺任教务长，并任美术教师。

在当时的中国，西洋画刚刚传入，只在少数上层社会和师范美术专科等学堂里流传。西洋画的教席，也大多由日本老师担任。社会上的一般人士根本不知道什么是西洋画，有的甚至以为香烟牌子上的画和月份牌上的美女，就是西洋画的代表。至于真正从事西洋画研究和创作的艺术家如李叔同等人，反而鲜为人知。

鉴于这样的现实，丰子恺在美术教学中，忠实地继承了浙一师时李叔同的艺术教育思想和方法。他以浙一师藏书楼中看到的《正则洋画讲义》为主要参考教材，而以反对中国传统绘画临摹方法、提倡忠实写生“为教学的根本目的”。他在课堂上教授学生们说：“中国画的不忠实于写生，为其最大的缺点，自然中含有无穷的美，惟能忠实于自然摹写者，方能发现其美。”这里，执着于艺术教育的勇气和热情、观点的幼稚和偏颇都是显而易见的，同时也充分表明了此时丰子恺作为一个积极接受西方文化的新青年的立场。

1919年冬，丰子恺、吴梦非、刘质平与同在上海从事美术教育的志同道合者刘海粟、姜丹书、周湘、欧阳予倩等人成立了中国第一个美育学术团体——中华美育会，目的是联合当时全国艺术工作者和大中小学教师，共同推进艺术教育。当时陆续入会的，有北京、上海、南京、山东等师范学校的教职员工。1920年，该会出版会刊《美育》杂志，并经民主选举产生编辑部成员：吴梦非为总编辑，周湘为图画编辑主任，刘质平为音乐编辑主任，姜丹书为手工编辑主任，欧阳予倩为文艺编辑主任，丰子恺、刘海粟、吕澄、李鸿梁等为编辑。该刊为中国第一本美育学术刊物，创刊号上的《本志宣言》表明它的宗旨是："现在中华民族的气象，比较'五四'运动以前，觉得有点儿出色了。一辈已经觉悟的同胞，今天在这儿唱'新文化运动'，明天在那儿唱'新文化运动'，究竟这个运动，是不是少数人能够做得到吗？想起来必定要多数人合拢来像古人说的'铜山西崩洛钟东应'，去共同研究发挥，才能够得到美满的结果。"而"美"与"美育"是完全可以在其中发挥重要作用的。正是为了实现这样的理想，所以他们就要以"学校教育"和"社会教育"为基本领域，积极开展"艺术教育"运动。

丰子恺关于美术教育的观点、中华美育会的成立、《美育》杂志的出版，都并非这些年轻人一时兴起的空穴来风，也不是凌空出世的无本之木。它们既与当时的社会文化思潮关系密切，又与艺术教育先驱们的思想和作为一脉相承。

当时的中国，"五四"新文化运动风起云涌，美术界的表现就是兴起了十分活跃的新美术运动，提出新美术要在社会美育中发挥作用，新美术要吸收西洋画写实精神，新美术要提倡写生、反对临摹。

美育观点最初的倡导者是蔡元培，他曾先后发表了《以美育代替宗教说》《文化运动不要忘了美育》等一系列论文，认为："美育者，应用美学之理论于教育，以陶养情感为目的者也。""文化进步的国民，既要实施科学教育，尤要普及美术教育。"他把美育作为改造国民精神的手段，希望能够通过纯粹的美育陶冶人们的感情。

吸收西洋画的写实精神，是当时《新青年》杂志所倡导的"美术革命"的主要内容。陈独秀提出：

> 若想把中国画改良，首先要革王画[①]的命，因为要改良中国画，断不能不采用洋画的写实精神——画家也必须用写实主义才能发挥自己的天才，画自己的画，不落古人的窠臼。

学习西洋画写实精神的结果，是使人们普遍地把实物写生看作是一种科学方法，看作是中国美术复兴的必经之路。蔡元培认为："此后对于习画，余有两种希望，即多作实物写生及持之以恒二者是也。"即使"学中国画者，亦须采用西洋画布景写实之佳，描写石膏物象及田野风景"。[②]陈独秀在提倡写生的同时，十分反对中国传统的临摹方法："我家所藏和见过的王画，不下二百多件，内中有'画题'的不到十分之一；大概都用那'临''摹''仿''抚'四大本领，复写古画；自家创作的，简直可以说没有，这就是王派流在画界最大的恶影响。"[③]

除了上述社会思潮的影响外，我们还可以从学术师承中，探讨这批年轻人艺术教育思想的另一个来源。

《画家之生命》，是丰子恺发表在《美育》杂志第一期上的一篇文章，也是反映他早期艺术思想的一篇重要论文。此文开篇即言其学术之师承：

> 乙卯（1915）予从李叔同先生学西洋画，写木炭基本练习数年，窃悟其学之深邃高远，遂益励之，愿终身学焉。戊午（1918）五月，先生披剃入山，所业几废。自度于美术所造未深，今乃滥竽教授，非始愿也。惟念吾师学识宏正，予负笈门墙数年，受益甚多。兹不揣谫陋，述其鄙见

① 王画：指以清朝"四王"（王时敏、王鉴、王翚、王原祁）为代表的以继承并整理古画为主要成就的传统绘画。

② 蔡元培：《在画法研究会的演说词》，《绘学杂志》第一期，1920年6月北京大学画法研究会出版。

③ 《新青年》第六卷第一号，1918年1月15日。

如次。[①]

无独有偶，在中华美育会和《美育》杂志编辑部的重要人员中，有不少李叔同的友朋或学生。友朋辈如日本“春柳社”时的欧阳予倩、浙一师时的姜丹书，学生们如丰子恺、刘质平、吴梦非、李鸿梁等。这些学生都是颇受李叔同器重而着意栽培、私交密切的亦生亦友者，李叔同的艺术教育精神和人格感召力量，都曾使他们深受教诲并印象深刻。一个不容忽视的事实是，在20世纪二三十年代上海江浙一带中小学校的艺术教师中，有一大批李叔同的弟子或再传弟子，这对改变这一地区中小学艺术教育的状况，起到很大的作用，原先没有的写生、图案、五线谱、合唱、复音曲等，开始出现在一般的中小学校中。现在李叔同精心培养的得意门生，又秉承着他的艺术教育精神和教育方法，开始培养新一代艺术教育者和创作者，不禁令人起薪火相传的感叹。出家为僧的弘一法师为《美育》杂志题写了封面，并在第一期上发表了他早年的油画作品《女》，都是这种师承关系实在可见的印证。

丰子恺热情洋溢地耕耘在新文化运动为他们带来的艺术教育园地里。他与朋友们一起，豪情满怀，意气风发，不仅在师范专科学校，还在中西体育学校、爱国女校、城东女校兼课，既挣钱养家，又弘扬着他的美育思想和艺术教育事业。在1919年12月出版的第一期中西体育学校校刊上，丰子恺发表了《图画教授法》一文；在1920年第二期上，又发表了根据日本久米桂一郎所作节译而又加上自己注释和议论的《素描》一文，这是迄今为止发现的丰子恺最早的艺术理论著译之作。

这种紧张、激昂和兴奋的生活持续了一年多之后，高涨的热情渐渐消退，而毕业时存于心中的迷惘，重又滋生。就像毕业时懊悔自己学习西洋画的选择一样，现在他又懊悔自己做艺术师范教师的选择：

我渐渐觉得自己的教法陈腐而有破绽了，因为上海宣传西洋画的机关

① 《画家之生命》，《丰子恺文集》，第一卷，第1页。

日渐多起来，从东西洋留学归国的西洋画家也时有所闻了。我又在上海的日本书店内购得了几册美术杂志，从中窥知了一些最近西洋画界的消息，以及日本美术界的盛况，觉得从前在《正则洋画讲义》中所得的西洋画知识，实在太陈腐而狭小了。虽然别的绘画学校并不见有比我更新的教法，归国的美术家也并没有什么发表，但我对于自己的信用已渐渐丧失，不敢再在教室中扬眉瞬目而卖野人头了。我懊悔自己冒昧地当了这教师。

这种悔不当初的心理，一方面固然有当时环境的缘故，但在很大程度上与他的个性有关。因为他凡事认真，所以不愿意像一只半生不熟的橘子那样，带着青皮卖给人家当作习画的标本；因为他喜欢自省，所以便对自己的知识和能力产生了疑问；因为他锐意进取，所以不怕一次次地否定旧我，舍弃已有的成功，去追求新的事业；因为他有强烈的探究事物本来面目的禀性，所以他便下了决心，要到西洋画的故乡去窥见它的全貌。

西洋画的故乡，当然是在西洋，然而西洋很遥远。即使是离上海很近的岛国日本，也就是当时所谓的东洋，丰子恺也没有钱去自费留学。但是，“经过了许久烦恼的日月，终于决定非赴日本不可”！

钱从哪里来？母亲和姐姐们为他提供了后援。母亲为此忍痛卖掉了一幢老宅，于是受到镇上人们的议论，被认作是不肖子孙的行为。她十分伤心，以至于多年后经过这幢老宅时，都要绕道而行。二姐丰游的丈夫周印池十分同情丰子恺，第一个借给他400元钱。三姐丰满也卖去了自己的一些首饰，资助他的行程。于是，在1921年的早春，丰子恺东渡日本，他要去“看一看东京美术界的状况”。①

游学日本

丰子恺不顾家庭经济条件的拮据，放弃了在上海已初有建树的事业，执意

① 以上引文均见《我的苦学经验》一文，《丰子恺文集》，第五卷，第78、79页。

借贷而赴日本求学，并不是他一时任性的冲动，而是别有一番深深的因缘。

我们已经说过，中国20世纪初现代教育的兴起发展，与日本有密切关系。正是来自日本的教师和中国早期的留日学生，构成了当时高中等学校的主要师资力量。而西方文化，尤其是西方艺术思想和作品的传入中国，更是在很大程度上以日本为沟通的桥梁，以日语为交流的媒介。因此日本在中国20世纪初学习西方的近代化进程中，扮演了一个十分重要的角色。加上它与中国又是真正一衣带水的近邻，交通的近便更使它成为中国青年出国留学的首选之地。

除了受这些人所共有的时代风尚影响外，丰子恺对日本，还有一种特殊的感情。他求学时就读的浙一师，教师中的绝大多数都是留日学生。而丰子恺最为敬仰的两位恩师李叔同、夏丏尊，就是由日本留学归国的。尤其李叔同考取的是日本著名的东京美术学校，师从的是黑田清辉等日本著名的大画家和名教授，这些都令丰子恺产生无限的向往之情。

而在李叔同这边，以现有的资料来看，似乎也有让丰子恺去日本深造的想法。自从那晚丰子恺听李叔同的话，决心一生奉献于艺术之后，他便成了李叔同着意培养的弟子。李叔同不仅指导丰子恺的画艺，更主动提出在课余时间由自己亲自教他学日文。虽然由于李叔同个人生活的变化，丰子恺最后没有与恩师共同谋划出国留学，但李叔同却已然将“日本”二字深深地印在了丰子恺的脑海里，成为他心目中憧憬不已的追求艺术事业的理想所在。

正是这种种的向往和憧憬，促使丰子恺不顾客观经济条件的限制，义无反顾地“抛弃了家庭，独自冒险地赴东京去了”。

到了东京以后，先后又有亲戚朋友给他寄钱。先是岳父徐芮荪给他约了一个一千元的会①，然后吴梦非、刘质平也都寄钱相赠。结果是一共集起了两千元，除旅费外，在东京足足维持了十个月的游学生活所需，直到同年冬季回国。“这一去称为留学嫌太短，称为旅行嫌太长，成了三不像的东西，同时我的生活也是三不像。”

---

① 所谓“约会”，即相当于现在的集资，先借得资金以供所需，讲明几年还清，每一年还清一个出资者。

在东京十个月的“三不像”生活中，丰子恺究竟做了些什么？他又是如何游学的呢？

他到洋画研究会去习画，到音乐研究会去学提琴，同时又学日文、英文。此外更多的时间，是参观展览会，听音乐会，访图书馆，看歌剧，以及游玩名胜，钻旧书店，跑夜摊。表面看来，收获似乎很有限。但是我们深入地去分析，丰子恺在东京的十个月，感受异国艺术界的空气，只是他彼时彼地的一种生活方式的表象。这十个月生活真正的内涵，在于他为自己找到了一个远离以往生活中心的异邦，跳出了已经习以为常的生活规程，可以在新的氛围和背景中，换一种旁观者的超脱和清醒态度，回眸前尘，重新审视自己以往的观念，重新选择今后的人生道路。他一边在东京的艺术空气里徘徊，一边经历着思想上迷惘、思考、修正和定向的痛苦过程：

> 一九二〇年春，我搭了“山城丸”赴日本的时候，自己满望着做了画家而归国的。到了东京窥见了些西洋美术的面影，回顾自己的贫乏的才力与境遇，渐渐感到画家的难做，不觉心灰意懒起来。每天上午在某洋画学校里当model（模特儿）休息的时候，总是无聊地燃起一支“敷岛”[①]，反复思量生活的前程，有时窃疑model与canvas（画布）究竟是否达到画家的惟一的途径。
>
> 愈疑虑不安，愈懒散无聊。后来上午的课常常闲却，而把大部分的时光消磨在浅草的opera（歌剧）馆，神田的旧书店，或银座的夜摊里了。“尽管描也无益，还是听听看看想想好。”每晚只是这样地自慰。[②]

丰子恺是追随着李叔同的足迹来到日本的。李叔同在日本留学六年，上的是美术的名校，拜的是美术的名师。学成之后，满怀着艺术家的梦想，一腔热望地回到祖国。料不到的是正赶上时局动荡，百万家产尽毁，经济陷入困境。

---

① 敷岛：日本一种香烟的牌子。

② 《〈子恺漫画〉题卷首》，《丰子恺文集》，第一卷，第29页。

万不得已，只得应聘做了一名艺术教师，奔走于各所任教的学校之间。

清高狷介、以艺术为人生理想的李叔同终于在污浊、功利的社会里成了一个失败者，但他对于艺术的一往情深却始终都是初衷不改。他把自己破灭的艺术理想寄托到他的学生身上，他教给他们艺术家的心灵、艺术家的品格、艺术家的修养、艺术家的行为处世方式。他深深地关爱着他们，殷殷地期待着他们，热切地希冀着学生们最终能圆了他艺术家的梦。

但是，李叔同根本就是一个生活在精神世界中的人，他既然不能在现实社会里为自己找到一块精神生活的乐土，又怎么可能替他的学生在实际生活中构建一种纯艺术的生存方式呢？

丰子恺的迷惘就在这里。幸运的是丰子恺从来就没有百万家产的殷实背景，养家糊口的生活重担，自从跨出浙一师的校门，就一直压在他的肩头。当他的思想和抱负追随着恩师在精神世界的王国里自由飞翔的同时，他的双脚却是牢牢地站定在现实的大地之上的。这里有他的母亲、妻子，现在又添了两个可爱的女儿。爱她们、给她们幸福的生活，同样是丰子恺矢志不渝的人生理想和追求。

于是，丰子恺开始思索。

他细细地回想着自己已经走过的道路，检视着自己以往对生活、对艺术的种种观念和认识，尤其多的是“思量生活的前程”。然而在纯艺术的圈子里，终究总是虽有联翩的浮思，却无清晰的头绪。

十个月的时间在光阴的飞逝之中结束了，丰子恺金尽而返国。他“抱着学习绘画音乐的目的而去，渴望着做了艺术家而回国。结果是为了生活和还债，重操教师的旧职”。不久之后，“东京的十个月间的绘画音乐的技术练习已付诸东流”[①]。

如此来看，东渡日本，十月游学，似乎只是一段失败而茫然的游历。其实不然，因为机遇的出现，转折的开始，往往是从“无心插柳”的偶然处得来。当丰子恺在烟雾之中对model（模特儿）与canvas（画布）开始发生怀疑之时，

---

① 《我的苦学经验》，《丰子恺文集》，第五卷，第82页。

属于他自己的艺术生涯便开始了最初的起步。此后，他又在日文和英文的学习中，萌发了对于文学的兴趣。更有意义的是，他在东京的旧书摊上，发现了一册《梦二画集·春之卷》："寥寥数笔的一幅小画，不仅以造形的美感动我的眼，又以诗的意味感动我的心。"①

至此，丰子恺似乎终于理清了自恩师入山以来一直困惑着他的"往哪里去"的迷惘情绪，虽然往后的道路尚不十分明确，但是坚冰已被打破，希望就在眼前。丰子恺满心欢喜地踏上了归国的轮船。在船上，抑制不住对文学的兴味和尝试的热望，马上开始从英译本中转译俄国作家屠格涅夫的小说《初恋》，一直译到踏上祖国的大陆。

春晖的诗意

回国后，丰子恺重操旧业，仍旧回到上海专科师范学校任教，同时又在吴淞中国公学部兼课。然而时间不长，他就应夏丏尊之邀，赴浙江上虞春晖中学任教。

春晖中学是当时新成立的一所学校。"五四"运动之后，浙一师成为浙江新文化运动的中心，经亨颐和时称浙一师"四大金刚"的夏丏尊、陈望道、刘大白、李次九等在校内积极开展教学改革，遭到当局的查办和排挤。于是，经、夏二人于1920年自动离校。

经亨颐离开浙一师后，回到家乡上虞。早在1919年2月，他就有心要在自己的家乡，办一所不向军阀政府立案、不受当局牵制、能够真正独立自主地实现自己教育改革思想的学校。上虞县一位同样热心教育事业的民族资本家陈春澜先生十分支持，慷慨资助银圆20万元，以10万元建造校舍、置办设备，10万元购买上海闸北水电公司股票，作学校的固定基金。同年12月2日，成立董事会。1920年1月，推选经亨颐为校长，负责筹办建校的具体事宜。现在离开了浙一师，正好使他可以将全部的时间、精力投入于春晖中学。

① 《绘画与文学》，《丰子恺文集》，第一卷，第487页。

到1922年，春晖中学正式落成，秋季开始招生，而开学典礼，则是在12月2日举行的。经亨颐主管学校的筹建和校务，师资方面的聘请，则仰仗于夏丏尊。夏丏尊离开浙一师后，起初应湖南第一师范之聘去了长沙。1921年赶回家乡上虞，协助经亨颐创办春晖中学。

夏丏尊凭借他对教育事业的忠诚和古道热肠的人品，在朋友圈中邀请到了许多名流贤达来春晖中学任教，如匡互生、朱自清、朱光潜、刘薰宇、王任叔（巴人）等。此外，在春晖中学的办学过程中，更有众多一流名人如何香凝、蔡元培、黄炎培、张闻天、胡愈之、郭沫若、叶圣陶、陈望道、刘大白、杨元华、俞平伯、吴觉农、蒋梦麟、于右任、吴稚晖等前来考察或演讲。人文荟萃，全国罕见。春晖因此而名闻全国，时获“北有南开，南有春晖”的美誉。

春晖中学的校址，并不在上虞县城，而是在10华里开外的白马湖边。白马湖是许多湖的一个总名。其中最大，也是最好的一个湖边，有一个三四十户人家的村落，叫作西徐岙。这个小村坐落在湖的尽里头，与外面的交往，要靠小船的连接。春晖中学，就建在这里。

那是一个山光水色清幽静谧之地，它既远离尘嚣的市镇，又蕴集着自然山川的灵秀之气。经亨颐选址于此，既适合了他独立办学的宗旨，又为他提倡美育的教育思想提供了相宜的外在客观条件，自是一个十分理想的所在。

这个世外桃源般的校园，深受师生的喜爱和欢迎。朱自清为白马湖、为春晖中学写下了写景抒情的佳作《白马湖》和《春晖的一月》，既留下了珍贵的史料，更以其优美的文字和纯真的情怀，给我们以美的享受：

白马湖的春日自然最好，山是青得要滴下来，水是满满的，软软的。小马路的两边，一株间一株地种着小桃与杨柳。小桃上各缀着几朵重瓣的白花，像夜空的疏星。杨柳在暖风里不住地摇曳。在这路上走着，时而听见锐而长的火车的笛声是别有风味的。在春天，不论是晴是雨，是月夜是黑夜，白马湖都好。——雨中田里菜花的颜色最是鲜艳；黑夜虽什么不见，但可静静地受用春天的力量。夏夜也很好，有时可以在湖里划小船，四面满是青霭。船上望别的村庄，像是蜃楼海市，浮在水上，迷离惝恍的；有

> 时听见人声或犬吠，大有世外之感。若没有月呢，便在田野里看萤火。那萤火不是一星半星的，如你们在城中所见；那是成千成百的萤火，一片飞出来，像金线网似的，又像耍着许多火线似的。①

春晖同仁们纷纷在这个清亮透气的世外桃源建屋，举家来居。丰子恺于1922年秋季开学时，即来校任教。到了第二年的春天，也把家从上海迁来，融入朋友们共同酿造的闲适、平静而又温馨的生活氛围中。这里有经校长自建的“长松山房”，有夏丏尊和刘薰宇按日本格式设计建造的住宅“平屋”。“长松山房”和“平屋”之间，有一处日本式的“玄关”，通过门厅分两边进入，左边是丰子恺的“小杨柳屋”，右边则是刘叔琴的家。1924年10月，朱自清一家也自温州迁来，就住在刘薰宇先前盖的房子里。

他们几家毗邻而居，关系亲密，气氛和谐。而最热闹和开心有趣的，就是各家的孩子们。丰子恺家最是儿女成群、人丁兴旺。长女陈宝生于1920年农历七月半，1921年10月次女林先出生，1922年11月三女出生。1924年3月，长子华瞻出生在小杨柳屋中，祖母钟云芳欢喜异常，特地赶来照顾孙子。此外，三姐丰满带着女儿宁馨此时也住在小杨柳屋中。他们在清澈的湖边水里，在绿草如茵的大草坪中，在横跨小溪的木拱桥上，穿梭来往，嬉戏笑闹，给清幽的山水和静谧的校园增添了无穷的生活乐趣。

丰子恺的妻子徐力民是这个大家庭里温良贤淑的主妇。她原是一位养尊处优的大家闺秀，父亲徐芮荪慧眼识才，将她嫁给了丰子恺。1919年农历二月十二日的花朝日（即“百花生日”）举行婚礼，当时随来的是全副嫁妆（所谓全副嫁妆，是除了四橱八箱、枕山、被山等以外，连米、水，甚至做寿材的段木也用红绫包着随嫁，还随嫁来一位名叫爱凤的姑娘及姑娘日后出门的嫁妆），意思是这一生不必麻烦男方了。当时惇德堂楼上因负荷过重，曾格格作响。为怕搁檩折断，竟撑上了柱头。徐力民的陪嫁之多，一时轰动石门镇。

徐力民在娘家时是备受宠爱的娇小姐，即使出嫁之后，家中对她也是一如

① 朱自清：《白马湖》，《朱自清全集》，第四卷，江苏教育出版社1990年版，第285页。

既往地关爱备至。那时，娘家差不多天天给她寄来双层八角灶篮，里面是一碗碗小菜，有栗子烧肉、红烧鱼、鸡、鸭、虾等，还有糖糕、粽子、圆子等点心。娘家每吃一样好的小菜和点心，总要给她寄一份来。[①]

徐芮荪时任崇德县督学，是位诗书满腹的饱学之士。家学渊源之外，与丰满一样，徐力民也是一个接受过新式教育的新女性。她婚前在家乡崇德教过多年书，婚后又进了李叔同的好友杨白民创办的上海城东女校专修科学习图画。后来又在丰满的振华女校里担任教员，从事美术教育。

徐力民的身上，毫无娇、骄二气。随着孩子一个个出生，她不得不放弃工作，成了全职的家庭妇女。对此，她无怨无悔，吃苦耐劳地挑起全部家务重担。她侍奉年老的婆婆，照顾丈夫的起居，操心五个年幼的孩子，招待友朋亲戚，等等。大到家中的经济开支、人情来往，小到做鞋补袜的烦琐杂事，她从不打扰丰子恺。

徐力民对丰子恺十分敬重，她虽然比丰子恺大两岁，但每次写信，总是称他为“恺哥”。丰子恺一向主张要做金钱的主人，有钱就花。他卖画作文所得的钱，买房造屋是大的花销。平时也大手大脚地花钱，常常给孩子们买回一网篮一网篮的玩具，还有电唱机、溜冰鞋等。逢年过节，更要买许多礼花爆竹来放，颇有其祖母及时行乐之风。钟云芳有时嫌他花钱不知节俭，免不了要唠叨几句。而徐力民则宁可自己节约，从来不说他一句。

丰家的儿女都十分敬重母亲。多年以后，林先曾追忆母亲说：“我们过去真不知道体谅母亲。抗日战争时在重庆沙坪小屋，那时我们都外出读书了。星期日回家，见母亲与山乡人一样背上绑着新枚，进进出出操持家务，还背着新枚自己倒洗马桶。”谁又能看得出她曾是富绅家中的千金小姐、新式学校里的美术教师？

这么热热闹闹的一大家子人，在春晖中学生活得和和睦睦、融融洽洽，丰子恺对此十分称心如意：

---

① 丰桂：《忆子恺叔和婶妈徐力民》，见钟桂松、叶瑜荪主编《写意丰子恺》，浙江文艺出版社1988年版，第192页。

> 现在春晖在山水间已生活了近一年了，我的家庭在山水间已生活了一月多了。我对于山水间的生活，觉得有意义……山水间的生活，因为需要不便而菜根更香，豆腐更肥。因为寂寥而邻人更亲。[1]

当时春晖校园中，除了比邻而居的朋友外，还有单身在校的匡互生、朱光潜，与丰子恺都是志同道合、趣味相投的好朋友。他们在一起喝酒品茗、神聊海侃，恰似那金风玉露的相逢，生出无数的风流。

他们有时上夏丏尊家去喝酒：

> 慢斟细酌，不慌不闹，各人到量尽为止，止则谈的谈，笑的笑，静听的静听。酒后见真情，诸人各有胜慨，我最喜欢子恺那一副面红耳热，雍容恬静，一团和气的风度。[2]

有时听丰子恺对着白马湖清朗皎洁的月色，弹奏贝多芬的《月光曲》，“渊渊黄叔度，语默与时殊。浩荡月光曲，风华儿女图”[3]。

更多的时候，则是谈文论艺。作品的传阅、思想的交流、趣味的品评、相互的论辩和鼓励，真诚的心、友谊的情，都似那熙和的微风、汩汩的清流，造就了日后的英才和佳作。

丰子恺日后蜚声海内外的漫画创作，也是在夏丏尊、朱自清、朱光潜等师友们的赞许、关心和鼓励下完成的。友情是水，推动着丰子恺的事业之舟驶向了成功的远方。

丰子恺在东京的书摊上购得竹久梦二的漫画《春之卷》后，便回国了。但

---

① 《山水间的生活》，《丰子恺文集》，第五卷，第12、15页。

② 朱光潜：《丰子恺的人品与画品——为嘉定子恺画展作》，见丰陈宝、丰一吟编《丰子恺漫画全集》，第一卷，京华出版社2001年版，第23页。

③ 朱自清：《怀南中诸旧游》诗一组五首，见陈孝全《朱自清传》，北京十月文艺出版社1991年版，第149页。

他念念不忘梦二的其他作品，便托仍留日本的友人黄涵秋帮助继续收集。黄涵秋不负所托，陆续给他收集并寄回了《夏之卷》《秋之卷》《冬之卷》以及《京人形》《梦二画手本》。

在东京，丰子恺对竹久梦二的画一见钟情，他隐隐约约地似乎悟到了适合自己美术生涯的方向。这种"梦里寻他千百度，蓦然回首，那人却在灯火阑珊处"的感觉，带给他无限的欣喜。那么，竹久梦二的画中，究竟有什么东西令丰子恺如此的着迷、如此的引为同道呢？

竹久梦二（1884—1934），日本冈山县邑久郡人。早年毕业于早稻田实业学校，后自修绘画，成为一名风格独特的漫画家。客观地说，在日本美术史上，梦二虽然风格独特，但无论是在民族风格的日本画或西洋风格的油画创作领域，他都不是特别重要的画家，画坛对他的反响，到丰子恺时已渐趋岑寂了。因此难怪要找他的画，会有许多困难。

梦二的画里有什么呢？丰子恺说，梦二的画里有"简洁的表现法，坚劲流利的笔致，变化而又稳妥的构图，以及立意新奇，笔画雅秀的题字"①。也就是说，简洁、流利、新奇、雅秀等样式的艺术表现形式，很合丰子恺的心意，使他产生了审美情趣上的艺术共鸣，所以他欣赏梦二的作品。但是，这只是最为表面的因素，只是艺术表现形式上的因素。梦二的作品中，尚有更深厚的内涵。

丰子恺在梦二的画中，读出了人生的滋味，所以他爱梦二的画：

> 记得有一幅，画着一片广漠荒凉的旷野，中有一条小径迤逦地通到远处。画的主位里描着一个中年以上的男子的背影，他穿着一身工人的衣服，肩头上打着一个大补丁，手里提一个包，伛偻着身体，急急忙忙地在路上向远处走去。路的远处有一间小小的茅屋，其下半部已沉没在地平线底下，只有屋顶露出。屋旁有一株被野风吹得半仆了的树，屋与树一共只费数笔。这辛苦的行人，辽阔的旷野，长长的路，高高的地平线，以及地平线上寥寥数笔的远景，一齐力强地表现出一种寂寥冷酷的气象。画的下面用毛笔

① 《绘画与文学》，《丰子恺文集》，第二卷，第488页。

题着一行英文：To His Sweet Home（回可爱的家），笔致朴雅有如北魏体，成了画面有机的一部分而融合于画中。由这画题可以想见那寥寥数笔的茅屋是这行人的家，家中有他的妻、子、女，也许还有父、母，在那里等候他的归家。他手中提着的一包，大约是用他的劳力换来的食物或用品，是他的家人所盼待的东西，是造成sweet home（可爱的家）的一种要素。现在他正提着这种要素，怀着满腔的希望而奔向那寥寥数笔的茅屋里去。这种温暖的盼待与希望，得了这寂寥冷酷的环境的衬托，即愈加显示其温暖，使人看了感动。

又记得一幅画：主位里画着两个衣衫褴褛的孩子的背影。一个孩子大约十来岁，手中提着一包东西。另一个孩子是他的弟弟，比他矮一个头。兄弟两人挽着手臂，正在向前走去。前方画一个大圆圈，圆圈里面画着一带工场的房屋，大烟囱巍然矗立着，正在喷出浓浓的黑烟。想见这里面有许多机械正在开动着，许多工人正在劳动着。又从黑烟的方向知道工场外面的路上风很大。那条路上别无行人，蜿蜒地通达圆圈的外面，直到两个孩子的脚边。孩子的脚边写着一行日本字：Tōsan no obentō（爸爸的中饭），由画题知道那孩子是送中饭去给在工场里劳作的父亲吃的。他们正在鼓着勇气，冒着寒风，想用那弱小的脚步来消灭这条长路的距离，得到父亲的面前，而用手中这个粗米的饭团去营养他那劳作的身体。又可想见这景象的背后还有一个母亲，在那里辛苦地料理父亲的劳力所倡办着的小家庭。这两个孩子衣服上的补丁是她所手缝的，孩子手中这个饭团也是出于她的手制的。人间的爱充塞了这小小的一页。

画中，佝偻的身体是什么？茅屋是什么？肩上的补丁又是什么？

画中，褴褛的衣衫是什么？挽着手臂的兄弟是什么？手中的那包东西又是什么？

在丰子恺的眼中心上，这些都是人生的象征，都是深沉而严肃的人生的滋味。寂寥冷酷世间中来自家庭的温暖盼待与期望，劳苦人生路途上来自亲人的真情关爱与惦念，有时是那么的小，小到只是一个补丁；有时是那么的弱，弱到只是一间茅屋；有时是那么的无助，就像小小的兄弟要去面对那外界的风。然而唯其小、唯其弱、唯其无助，才会使我们有心酸的感觉，有无限的同情。才会使我们在亲人的相濡以沫中，看到真；在弱者的相互关爱中，看到善；在画家的艺术表现中，看到美。

丰子恺在梦二的作品中，读出了与中国文化意境相通的文学的趣味，所以他爱梦二的画：

> 又记得一幅画，是在于某册的卷首的，画中描着一片广大的雪地，雪地上描着一道行人的脚迹，自大而小，由近渐远，迤逦地通到彼方的海岸边。远处的海作深黑色，中有许多帆船，参差地点缀在远方的地平线上。页的下端的左角上，纯白的雪地里，写着画题。画题没有文字，只是写着两个并列的记号“!?”，用笔非常使劲，有如晋人的章草的笔致，力强地牵惹观者的心目。看了这两个记号之后，再看雪地上长短大小形状各异的种种脚迹，我心中便起一种无名的悲哀。这些是谁人的脚迹？他们又各为了甚事而走这片雪地？在茫茫的人世间，这是久远不可知的事！讲到这里我又想起一首古人诗：“小院无人夜，烟斜月转明。清宵易惆怅，不必有离情。”这画中的雪地上的足迹所引起的慨感，是与这诗中的清宵的“惆怅”同一性质的，都是人生的无名的悲哀。这种景象都能使人想起人生的根本与世间的究竟诸大问题，而兴“空幻”之悲。这画与诗的感人之深也就在乎此。①

从学业、经历和职业来看，丰子恺都是一个成长于“五四”新文化运动带来的西洋艺术文化氛围中的人，他的教育背景、知识构成、学业所长、文化传承都是西方化的、新学化的。他在绘画教学中对于“忠实之写生”的决意倡导，对于中国传统绘画临摹手法的贬斥，以及当时的一些艺术主张的表述，无不表明了他作为西方文化拥戴者和推崇者的立场。他曾说过，在东京时，因为日文、

---

① 《绘画与文学》，《丰子恺文集》，第二卷，第490页。

英文的学习，而对文学产生了兴味，当时的文学，指的还是语言学习中碰到的一些日、英文学作品。

然而到了现在，情况有了最初的转变。他在正式进入新式学堂之前，从他父亲那里受到熏陶的、从私塾先生那里受到灌输的中国传统文化的素养和积淀，开始从他的意识深处渐渐浮出水面，而要在他的文化情怀中崭露头角了。

白马湖那典型中国古典诗词意境的自然山水，是否唤醒了他意识中沉睡的传统文化因子，尚无明证。但梦二的作品，却绝对触动了他诗意的灵感，唤醒了他文学的趣味。

梦二的作品，“其构图是西洋的，其画趣是东洋的。其形体是西洋的，其笔法是东洋的。自来综合东西画法，无如梦二先生之调和者。他还有一点更大的特色，是画中诗趣的丰富”。这样的风格，何尝不是丰子恺所寻找、所向往、所适于把握的呢？他有在浙一师时以17小时画一维纳斯头像之扎实的写生功底，有深厚的中国传统文化的修养和底蕴，有对于古典诗词发自肺腑的喜爱和熟稔，更有对于人生根本和世界究竟的不懈追寻和细心体味。因此，他对竹久梦二作品的一见钟情，就如那春华秋实般的自然了。

梦二的画不是丰子恺的独爱，它也是春晖朋友间的共赏：

> 梦二的画有一幅——大约就是那画集里的第一幅——也使我有类似的感觉。那幅的题目和内容，我的记性真不争气，已经模糊得很。只记得画幅下方的左角或右角里，并排地画着极粗极肥又极短一个“!”和一个“?”，可惜我不记得他们哥儿俩谁站在上风，谁站在下风。我明白（自己要脸）他们俩就是整个儿的人生的谜；同时又觉着像是那儿常常见着的两个胖孩子。我心眼里又是糖浆，又是姜汁，说不上是什么味儿。无论如何，我总得惊异：涂呀抹的几笔，便造起个小世界，使你又要叹气又要笑。叹气虽是轻轻的，笑虽是微微的，但一把锋利的裁纸刀，戳到喉咙里去，便可要你的命。[①]

---

① 朱自清：《〈子恺漫画〉代序》，《丰子恺漫画全集》，第一卷，第19—20页。

因此，当丰子恺画出了最早的一批以描写古诗词句为题材的漫画后[①]，立即在俞平伯、朱自清、朱光潜等朋友中引起一片赞赏之声。

1924年，朱自清把丰子恺的一幅《人散后，一钩新月天如水》拿去公开发表在他与俞平伯合办的不定期文艺刊物《我们的七月》上，这是丰子恺漫画的首次正式公开发表。此画一经发表，当即引起文艺界人士的关注。上海《文学周报》主编郑振铎说：

> 他的一幅漫画《人散后，一钩新月天如水》，立刻引起我的注意。虽然是疏朗的几笔墨痕，画着一道卷上的芦帘，一个放在廊边的小桌，桌上是一把壶，几个杯，天上是一钩新月，我的情思却被他带到一个诗的仙境，我的心上感到一种说不出的美感，这时所得的印象，较之我读那首《千秋岁》（谢无逸作，咏夏景）为尤深。实在的，子恺不惟复写那首古词的情调而已，直已把它化成一幅更足迷人的仙境图了。[②]

这些与丰子恺一样在“五四”新文化运动中成长起来的，为西方文化、西方思想在中国的传播而努力开拓、奔走、呐喊的朋友们，其实在骨子里，都有着与丰子恺一样的对中国古典诗词乃至传统文化的情不自禁的喜爱和深切体味。毕竟，他们的童年都是在传统的家学和私塾中，吟诵着儒家经籍、古典诗词度过的。童年启蒙时的文化背景和浸濡，在一个人的文化素养、趣味和品格的形成中，打下的往往是一道终生都难抹去的底色。朱光潜说：“子恺本来习过西画，在中国他最早作木刻，这两点对于他的作风都有显著的影响。但是这只是浮面的形相，他的基本精神还是中国的，或者说东方的。”[③]这，又何尝不是他们全体的写照呢？

---

① 迄今为止发现的最早的丰子恺的漫画，是1922年12月16日发表于内部刊物《春晖》校刊第四期上的《经子渊先生的演讲》《女来宾——宁波女子师范》两画。

② 郑振铎：《〈子恺漫画〉序》，《丰子恺漫画全集》，第一卷，第21页。

③ 朱光潜：《丰子恺的人品与画品》，《丰子恺漫画全集》，第一卷，第24页。

丰子恺生活在朋友关爱的浓情厚谊之中，他也真诚地传递着对朋友们的情谊。1923年，夏丏尊通过日文译出了意大利作家亚米契斯的《爱的教育》，在上海《东方杂志》连载，次年由开明书店出版单行本。丰子恺为之作了插图。1924年12月，朱自清的第一本散文集《踪迹》在上海亚东图书馆出版，丰子恺为之画了封面。1925年12月，当时远在北京的俞平伯的新诗集《忆》一书出版时，也是由丰子恺作的插图。

春晖的这一段岁月，令他们在日后的生活中回味无穷。1928年，独居北京清华园的朱自清，在亡妻之后的苦寂日子里，“在流霞翻飞的傍晚，在孤灯荧荧的深夜，他常常苦苦地思忆着南方诸友，往事如潮，旧情似海，他是那样深切地怀念着往日热闹的生涯”[①]。于是写下《怀南中诸旧游》一组五首旧诗，怀念夏丏尊，怀念刘延陵，怀念丰子恺。

1924年冬，匡互生、朱光潜离开了春晖中学。接着，刘薰宇、丰子恺[②]、夏丏尊等教师也离开学校，前往上海，与匡互生等一起开始筹建立达学园。他们离校的原因，表面看来只是学生黄源的一顶毡帽，实际上则是不同教育思想的分歧。

春晖原是注重情感教育、精神独立的学校，提倡美育，发展个性，思想自由，学生自治。然而世间毕竟没有“净土”，政府当局岂会一味放任思想的自由。学校一再被要求添置国民党“党义”一课，要做“纪念周”，要唱国民党“党歌”。教务主任匡互生对此十分反感，并予坚决抵制。而“党歌”一条则首先就被教授音乐课的丰子恺所不能接受，他一直在校中提倡并教授的是李叔同所作的歌曲。分歧由此产生，直至这些教师的最后离校而去。

立达的事业

立达学园是在春晖朋友们的倾心交谈中酝酿而成的宁馨儿，她因循着春晖

---

① 陈孝全：《朱自清传》，第151页。

② 陈星《丰子恺新传》记丰子恺与匡互生同为首批离校教师，此据丰一吟所著《潇洒风神——我的父亲丰子恺》（华东师范大学出版社1998年版）。

同仁的教育理念，延续着春晖同仁的教育理想，承负着春晖同仁未竟的教育事业，从山水间的白马湖走到了纷繁驳杂的上海滩。

然而，立达学园承载的，远远不只是春晖未竟的事业。在先先后后为她操劳的人们中，还有来自浙一师、中国公学、上海专科师范等多所学校的教师、学生。他们之中的很多人就是为了自己的教育理想在原先的学校无法实现而辞职，为了自己的教育理想能在立达的实现而加盟。因此，宽泛地说，立达学园是“五四”新文化运动的产物；而更确切地说，则是以春晖同仁为主结合其他一些志同道合者们共同开创的事业，是这一群朋友建立的一个园地。这个园地凝聚着这一群人独特的文化禀赋、品格和情怀，凝结着这一群人独特的文化劳作和成就，也为这一群人提供着独特的文化享受和回报。

1925年冬，匡互生、丰子恺等人在虹口老靶子路租了两幢房子，建起了“立达中学”。“立达”两字，取《论语》“己欲立而立人，己欲达而达人”之意。匡互生、朱光潜、丰子恺和其他从春晖中学出来的部分师生，同以陶载良为首从中国公学分出来的部分师生一起，开始了艰苦的筹备工作。不久，他们嫌老靶子路的房租太贵，就把学校迁到小西门黄家路，即原来师范专科的校舍。

立达中学实行“教导合一”制，不设校长等职务，对学生实行“说服主义”，师生关系密切，因此前来就学的人渐渐地多了起来。1925年夏天，匡互生发起在上海北郊江湾镇自建校舍，改“立达中学”为“立达学园”。在立达学园，丰子恺担任校务委员会委员，兼任西洋画科负责人。当时立达同人除匡互生、朱光潜、陶载良外，还有夏丏尊、刘薰宇、方光春、陶元庆、夏衍、陈望道、裘梦痕、黄涵秋、丁衍镛等。

1925年3月，他们又成立了“立达学会”。学会的宗旨是：修养人格、研究学术、发展教育、改造社会。6月，创刊《立达季刊》第一期。1926年9月，开始编辑出版《一般》月刊，丰子恺担任装帧工作，并在刊物上发表了不少文章和漫画。

立达学园的同仁们以自己的踏实和努力，逐渐孕育成为中国现代文化史上一个以开明、进步、稳健、坚实为风格的学术文化派别——立达学派。这个学派既涵盖了上海文化界的许多著名人物，又以独特的品格独树一帜，为中国现代文化的发展作出重要贡献。丰子恺既为立达的中坚，又从中获益匪浅。

1928年，因经费困难，西洋画科停办。丰子恺把一批尚未毕业的学生和陶元庆、黄涵秋等几位教师，送到杭州西湖艺专继续学习。这样，他在立达学园就以翻译和创作为主要工作了。

白马湖的山水和春晖的友情，孕育了立达，也孕育了开明书店。这是一个脱离官办与商办气味，由读书人和著书人自己经营的书店。开明书店成立于1926年，创办人章锡琛（雪村），丰子恺为之设计了店徽商标。1928年，由夏丏尊、刘叔琴、丰子恺等人发起，改组为股份有限公司。

开明书店秉承立达学风，严肃正派，稳健踏实，以科学的态度教育青年，出版了许多好的杂志和好书。丰子恺的画册、音乐美术理论、随笔，以及编译的书，由开明出版的，计有《子恺漫画》《子恺画集》《缘缘堂随笔》《缘缘堂再笔》《西洋画派十二讲》《艺术趣味》《音乐入门》《近世十大音乐家》《艺术概论》《初恋》《中文名歌五十曲》《开明音乐讲义》等约47种之多。丰子恺不仅在开明出版自己的书，还为开明设计封面，如《爱的教育》《木偶奇遇记》等，并为林语堂的《开明第一英文读本》绘制封面和插图。

开明在经济上也很照顾作者，从不拖欠稿费。丰子恺用开明赠送的一支红色派克金笔，为开明及其他出版社写了许多稿子，出版了好几本书，加上发表、出版漫画作品，生活渐渐得到改善。他是开明的股东之一，每年的红利是一笔不小的收入。在20世纪三四十年代，丰子恺的生活仰仗开明书店甚多。尤其在抗战期间，每到一个地方，只要有开明分店，在生活上便得到许多便利，犹如游子有了归宿一般。从开明1926年创立之日起，直到它1953年和青年出版社合并，组成中国青年出版社为止，丰子恺与开明书店保持了28年的亲密关系。①

漫画：渐入佳境

立达学园在艰苦的创业中日益发展，丰子恺的漫画创作也渐入佳境。春晖

① 《潇洒风神——我的父亲丰子恺》，第106—109页。

时漫画创作中浓郁的古典诗意，依然绵绵不断地流泻在他的画笔之下，那是滋润他心灵的永不干涸的清泉。丰子恺作为一个艺术家的最为基本的素养、最为直接的灵感，都来自他古典诗词的修养。

在1926年1月开明书店出版的《子恺漫画》中，收有此类题材的作品29幅。[①]如：《无言独上西楼，月如钩》《人散后，一钩新月天如水》《今夜故人来不来，教人立尽梧桐影》《几人相忆在江楼》《野渡无人舟自横》《红了樱桃，绿了芭蕉》《曲终人不见，江上数峰青》，等等。吟咏着这一句句令他心醉的妙词佳句，丰子恺用心捕捉着其中的形象，用画笔加以再现。

丰子恺漫画中最脍炙人口的作品是以《阿宝赤膊》《瞻瞻的车》等为代表的儿童漫画，最受研究者重视的是《护生画集》和描写现实社会生活的作品。但是，诗词意境的作品同样不容忽视。这里，有萧疏空灵的经典古意，表露出作者宁静淡远的情怀；有意在笔先、意到不妨笔不到的领悟，表明了作者愈益清晰的中国传统风格的文人意趣；有寥寥数笔、不求其详的表现形式，成为他整个漫画创作中独具一格的鲜明风格。

然而，叶圣陶认为诗词是古代人写的，画得再好，终究是古代人的思想感情。现实生活中可画的题材多得很，尤其像丰子恺这样善于抓住瞬间感受的人，正该从这方面施展他的才能。丰子恺本人也深有同感，于是便从他所说的描写诗词意境的“被动创作”进于“自动的创作”。因此，在丰子恺于1927年出版的第二本《子恺画集》中，就全都是现实生活的题材了。首先进入丰子恺视线的，便是自己家里的儿童生活。

丰子恺十分喜爱儿童，对家中的儿女，更是一个慈父。在朋友圈中，他是出了名的关心儿女，他自己对此也十分认可。他一贯宠爱儿女，有了钱，就会毫不吝啬地买回玩具来给孩子们玩。即使是孩子们淘气了，捣乱了他书房里的秩序，破坏了他桌上的构图，毁损了他的器物，当时自是令他十分恼怒，予以呵斥，但马上就会后悔。

他十分真诚地从孩子们的角度对世事作出观察和思考，真切地体谅孩子们

---

① 据《丰子恺漫画全集》，第六卷。

的心情，为他们作出种种的安排，详细地记下他们纯真得透明的所作所为。这在《逃难》《华瞻的日记》中，都是写得明明白白的。无怪乎朱自清对比之下，要深刻地检讨自己对待儿女的忽视和严酷了。

丰子恺无比真诚地欣赏、赞叹着小儿女们的童心与童趣：

> 你们每天做火车，做汽车，办酒，请菩萨，堆六面画，唱歌，全是自动的，创造创作的生活。大人们的呼号“归自然！”“生活的艺术化！”“劳动的艺术化！”在你们面前真是出丑得很了！依样画几笔画，写几篇文的人称为艺术家，创作家，对你们更要愧死！
>
> ……
>
> 你们一定想：终天无聊地伏在案上弄笔的爸爸，终天闷闷地坐在窗下弄引线的妈妈，是何等无气性的奇怪的动物！你们所视为奇怪动物的我与你们的母亲，有时确实难为了你们，摧残了你们，回想起来，真是不安心得很！
>
> 阿宝！有一晚你拿软软的新鞋子，和自己脚上脱下来的鞋子，给凳子的脚穿了，刬袜立在地上，得意地叫“阿宝两只脚，凳子四只脚”的时候，你母亲喊道：“龌龊了袜子！”立刻擒你到藤榻上，动手毁坏你的创作。当你蹲在榻上注视你母亲动手毁坏的时候，你的小心里一定感到“母亲这种人，何等杀风景而野蛮”吧！①

因此，当丰子恺在1928年检视自己的生活和心绪时，情不自禁地写道：

> 天地间最健全的心眼，只是孩子们的所有物，世间事物的真相，只有孩子们能最明确、最完全地见到。我比起他们来，真的心眼已经被世智尘劳所蒙蔽，所斫丧，是一个可怜的残废者了。我实在不敢受他们“父亲”的称呼，倘然“父亲”是尊崇的。

① 《给我的孩子们》，《丰子恺文集》，第五卷，第253页。

……

近来我的心为四事所占据了：天上的神明与星辰，人间的艺术与儿童，这小燕子似的一群儿女，是在人世间与我因缘最深的儿童，他们在我心中占有与神明、星辰、艺术同等的地位。[①]

丰子恺为他这群小燕子似的儿女，为他们天真无邪的童年，画下了大量的漫画，成为他漫画作品中最有生活情趣、最为脍炙人口的名作：《花生米不满足》中，皱眉撅嘴的瞻瞻那争多嫌少的神气，令朱自清想起了自己“惫懒的儿时”；《阿宝赤膊》则让叶圣陶看出了“小女孩不必要的娇羞”；《爸爸还不来》，那是徐力民、阿宝和瞻瞻三人倚门而望的企盼；《办公室》里，阿宝和软软在双人藤沙发的“办公桌”上煞有介事地伏案工作；《爸爸不在的时候》，机会难得，瞻瞻赶快爬上大书桌，也过一过舞文弄墨的瘾。瞻瞻真是多才多艺：搭积木，那是《建筑的起源》；两把芭蕉扇便做成了他的交通工具脚踏车，一辆小童车更是他“养家糊口”的黄包车。宝姐姐更是身手不凡，首先发现了《阿宝两只脚，凳子四只脚》。有一天，家中办起了喜事，《软软新娘子，瞻瞻新官人，宝姐姐做媒人》，软软的脸上蒙着大毛巾，穿着围兜的瞻瞻头戴爸爸的大礼帽，穿着花长衫的宝姐姐左拥右牵“拉郎配”，角色齐全，俨然一场中西合璧的正式婚礼，我们甚至都可以在画面之外，看到那个忍俊不禁的观礼者，他当然就是父亲丰子恺了！

这些家庭生活场景和儿童瞬间情趣的把握与表现，倾注了丰子恺大量的心血和感情，以至于20年后回头来看，“一腔热血，还能沸腾起来，忘记了老之将至。……这些画的模特儿——阿宝、瞻瞻、软软——现在都已变成大学生，我也垂垂老矣。然而老的是身体，灵魂永远不老。最近我重展这些画册的时候，仿佛觉得年光倒流，返老还童，从前的憧憬，依然活跃在我的心中了”。[②]儿童相的漫画，是他生命力旺盛蓬勃的动能。

---

① 《儿女》，《丰子恺文集》，第五卷，第113、115、116页。

② 《我的漫画》，《丰子恺漫画全集》，第一卷，第31页。

在这一时期的漫画里，开始出现正面描写成人社会现状的作品，如描写上海生活的《都会之春》《买粽子》《星期六之夜》《卖花声》，描写杭州及故乡石门湾日常生活的《话桑麻》《云霓》《柳荫》。

至此，丰子恺漫画创作中的四类题材，即他自己划分的描写古诗句、儿童相、社会相和自然相中的前三种，也是他创作中数量最多、成就最大的主要部分，都已出现，他漫画创作的艺术表现手法和独特风格也已基本定局。从画家的主观创作努力和作品的水平来看，作为一种新兴而又独特的绘画品种，“丰子恺漫画”从题材、形式到风格，各种因素都已发展成熟。

丰子恺到上海后，早已记下“丰子恺”这个名字的《文学周报》主编郑振铎，便经常托胡愈之去约丰子恺的画稿，发表在《文学周报》上。

后来，出于对丰子恺漫画的喜爱，出于相互间的相知，郑振铎决定要以《文学周报》的力量，出一本丰子恺的漫画集。

那是1925年秋天的一个星期日，郑振铎邀了胡愈之、叶圣陶，一起到江湾立达学园丰子恺的住处，去看画。画都还没有裱，丰子恺把它们一幅幅地挂在客堂的三面墙上，立在玻璃窗格上。墙上、窗上放满了，桌子上还有好些画。大家一边看着这些画，一边说着各自的看法。有时齐声说好，有时也发生一些争辩。当时立达学园里有不少教师和学生都住在这里，看见丰子恺家里办起了“个人画展”，便都跑进来看，你说我笑，品评欣赏，一时充满了亲切、喜悦和热闹的气氛。郑振铎更是兴奋异常，看了这幅看那幅，说：“我不曾见过比这更有趣的一个展览会。”最后，他只觉得目眩五色，“震骇他表现的谐美，与情调的复难，正如一个贫窭的孩子，进了一家无所不有的玩具店”，样样都是好的。最后，郑振铎十分满足地夹着一大捆画回去了。坐上火车时，甚至“心里感着一种新鲜的如占领了一块新地般的愉悦”。①

到家之后，郑振铎把这些画又细细地看了几次。为慎重起见，他又请了叶圣陶、沈雁冰（茅盾）同看，最后除去他们认为不太好的三幅，其余的便结成《子恺漫画》，于1925年11月由文学周报社出版。次年1月，由上海开明书店印

---

①郑振铎：《〈子恺漫画〉序》，见《郑振铎全集》，第十四卷，花山文艺出版社1998年版，第2页。

行。这就是丰子恺的第一本漫画集。夏丏尊、朱自清、郑振铎分别为之作序，俞平伯作跋。1927年2月，开明书店又出版了他的第二本画集《子恺画集》，朱自清再次为之作了跋文。这些序跋真实地记录了子恺漫画从春晖中学到立达学园的成长经历，记录了他们以诗文书画会友的真挚情谊。

这段经历和友谊不仅被丰子恺永远地记在了他的文字里：

> 在这里，对于这等画的赏识者奖励者及保护者的我的先生夏丏尊，友人郑振铎，朱佩弦，俞平伯，刘薰宇，方光焘，丁衍庸诸君，谨表私心感谢之意。①

同样也令他的朋友们铭记难忘。即使过去了20年的时光，朱光潜的回忆仍是那样的清晰、那样的深情：

> 我们离开白马湖，在上海同办立达学园。大家挤住在一条僻窄而又不大干净的小巷里。学校初办，我们奔走筹备，都显得很忙碌，子恺仍是那副雍容恬静的样子，而事情都不比旁人做得少。虽然由山林搬到城市，生活比较紧张而窘迫，我们还保持着嚼豆腐干花生米吃酒的习惯。我们大半都爱好文艺，可是很少拿它来在嘴上谈。酒后有时子恺高兴起来了，就拈一张纸作几笔漫画，画后自己木刻，画和刻都在片时中完成，我们传看，心中各自喜欢，也不多加评语。有时我们中间有人写成一篇文章，也是如此。这样地我们在友谊中领取乐趣，在文艺中领取乐趣。②

叶圣陶在1981年88岁高龄时写道："那一天的欢愉是永远值得怀念的。"③

至此，丰子恺漫画走出了朋友的圈子，走出了文化界，成功地走向社会、走向大众，他也由此成为一个知名的漫画艺术家。

---

① 《〈子恺漫画〉题卷首》，《丰子恺文集》，第一卷，第30页。

② 朱光潜：《丰子恺的人品与画品》，《丰子恺漫画全集》，第一卷，第23页。

③ 叶圣陶：《子恺的画》，《丰子恺漫画全集》，第一卷，第27页。

丰子恺的画以“漫画”为名，缘于郑振铎。当时他把丰子恺的画拿去发表在《文学周报》上时，用“漫画”给它们冠了一个总的题头。后来就有一种说法，认为中国的漫画始于丰子恺。对此，丰子恺自己早有明确的纠正：

国人皆以为漫画在中国由吾倡始。实则陈师曾在《太平洋报》所载毛笔略画，题意潇洒，用笔简劲，实为中国漫画之始，第当时无其名，至吾画发表于《文学周报》，始有“漫画”之名也。忆陈作有《落日放船好》《独树老夫家》等，皆佳妙。[①]

其实当时将丰子恺的画定为“漫画”，也有一定的随意性，并不是十分深思熟虑的有意为之。丰子恺一向不喜欢纠缠于刻板的文体、格式、体制或是烦琐的细节，而崇尚自然、率性的作为。抗战时在浙江大学任教时，有学生来请教“小品文”的体制，他就颇不以为然：

吾以前虽常写小品文，然初不自知此体为“小品文”，与吾之作画而不自知其为“漫画”相同。（十余年前吾初作画，揭于壁。郑振铎兄见而持去制版，刊之于《文学周报》，人称之曰“漫画”，吾则人云亦云耳。）故对于文体，看得很轻。凡出于自然者，虽前无其例，亦又自成一体也。[②]

① 1939年6月9日《教师日记》，《丰子恺文集》，第七卷，第147页。
② 1939年4月22日《教师日记》，《丰子恺文集》，第七卷，第131页。

第四章　法　味

假如要我对于世间的生荣死灭费一点词，我觉得生荣不足道，而宁愿欢喜赞叹一切的死灭。对于前者的贪婪，愚昧，与怯弱，后者的态度何等谦逊，悟达，而伟大！

——丰子恺

哪里走

1925年回到上海后的数年间，丰子恺一直处于十分忙碌的生活中。他为立达学园的筹备而奔走，为一家数口的生计而往返于立达学园、上海艺术师范大学（其前身即上海专科师范学校）、复旦实验中学、澄衷中学以及松江女子中学等多所学校执教。

在立达学园开办西洋画科的三年（1925—1928）间，丰子恺是学园里最为勤勉的艺术园丁。他为一年级讲述艺术概论、二年级讲述现代艺术、三年级讲述西洋美术史。1929年，又为松江女中初一学生讲述《为什么学图画》，为高一学生讲述《艺术鉴赏的态度》《美与同情》，等等。立达学园三种课的讲义后来分别以《艺术概论》《现代艺术十二讲》《西洋美术史》之名由开明书店出版，松江女中的讲义则收载在《艺术趣味》一书中。除这些由讲义印行出版的艺术理论著述外，1925—1930年间，丰子恺还出版了《艺术教育ABC》等五部艺术教育及美术专著、《音乐的常识》等四部音乐类专著、《苦闷的象征》等五部译著、《中文名歌五十曲》等两部编选作品。这一时期，丰子恺勤勉教学，著述宏富，成为他一生艺术教育与理论研究的一个主要阶段。

同时，丰子恺艺术生涯中与漫画并美的随笔创作，也于此时开始起步。数年之间，他在《一般》《教育杂志》《新女性》《小说周报》《现代文学》等杂志上发表了三十余篇作品。[①]许多反映作者心境、心态的名篇，如《法味》《缘》《儿女》《忆儿时》《大账簿》《渐》《秋》等，都是此时的作品。著名的《缘缘堂随笔》，即由这一时期的作品汇集而成。加上同期出版的两本漫画集，艺术创作上耕耘的勤苦与收获的丰厚，都是显而易见的。

繁忙热闹的工作节奏，收获丰厚的事业成就，远远不是此时丰子恺生活的全部。每个人在出于生计的处世层面之外，必定都还另有一个精神与思想的层面，只是空间的大小因人而异。对于丰子恺这样艺术趣味浓郁、文化修养深厚、禀性敏感多思的人来说，人生意义的探究、精神生活的追求，比现实生计层面的劳作更令其汲汲于怀。

“五四”新文化运动以后，中国的知识分子一直都在探索，探索改造社会的方法，探索振兴民族的途径，也探索着个人的前途和命运。当时，所谓的新思潮是一个广泛而庞杂的概念。它包括了18世纪西方启蒙学者的思想以及他们提出的原则，民主、自由、平等、博爱、天赋人权、人道主义、个性解放、妇女解放以及真、善、美等；包括了现代资产阶级改良主义思想和唯心主义哲学流派，有杜威的实用主义、罗素的社会改良主义，以及柏格森、尼采等人的哲学思想和学说；也包括了名目繁多的各种社会主义流派。在这些五颜六色的新思想面前，青年们富于理想的憧憬和奋斗的热望。

但是，随着以民主和科学为旗帜的“五四”新文化运动急转为直接的政治革命，中国共产党人和广大激进的知识分子开始投身到工农革命中去。大多数小资产阶级知识分子则因无法把握历史的转折而彷徨无主。这就形成了“五四”以后一种特有的社会心理：“我们所共通的一种烦恼，一种倦怠——我怕是我们中国的青年全体所共通的一种烦恼，一种倦怠——是我们没有这样的幸运以求

① 这一时期出版、发表的艺术理论等著述及随笔的数量，据《丰子恺文集》第七卷统计。

自我的完成，而我们又未能寻出路径来为万人谋自由发展的幸运。我们内部的要求与外部的条件不能一致，我们失却了路标，我们陷于无为……”[①]

20世纪20年代中后期，在剧烈激荡的时代大潮推动下，在深刻的社会变革中，一部分人迅速地向时代大潮靠拢乃至汇合。比如沈雁冰很早即已开始从事实际的革命工作，鲁迅则在1927年到1930年间宣告自己属于新兴阶级的一翼。叶圣陶在辛亥到“清党”两度经历了从欢欣鼓舞地迎接革命到悲愤深沉地归于失望之后，步入了成熟的中年，“他的前进而不激进的抗争方式，开始形成并逐步定型”[②]。

知识分子群体的分化是复杂多样的，在上述的道路之外，还有很多其他的选择。

在1925年“五卅”惨案后写下了《血歌》的朱自清，从1926年“三一八”惨案的尸体堆中爬出来的朱自清，在1927年的“四一二”反革命政变之后，彷徨了：

> 况且鲁迅先生说得好：“中国现在是一个进向大时代的时代。”无论你是怎样的小人物，这时代如闪电般，或如游丝般，总不时地让你瞥着一下。它有这样大的力量，决不从它巨灵般的手掌中放掉一个人；你不能不或多或少感着它的威胁。……我是要找一条自己好走的路；只想找着“自己”好走的路罢了。但那里走呢？或者，那里走呢！我所彷徨的便是这个。[③]

我们且不论朱自清以后真正的路是在往哪里走，只从这篇写于1928年2月7日的长文《那里走》中，足可见出他当时彷徨、无奈甚至接近绝望的情绪，而这种情绪并不仅仅是他的个人体验，反映的恰恰是一个时代一批人的共同心态。

1926年5月，中国共产主义青年团中央机关刊物《中国青年》为纪念“五

---

① 郭沫若：《孤鸣——致成仿吾的一封信》，载1926年4月16日《创造月刊》第一卷第二期。

② 刘增人：《叶圣陶传》，江苏文艺出版社1995年版，第85页。

③ 《那里走》，《朱自清全集》，第四卷，第226页。

卅”惨案而出版一期专号，请丰子恺设计封面。他画了一幅唐张巡部将南霁云射塔“矢志”图。杂志的主编在“编辑以后”里谈到这幅封面画时说：“我们希望每一个革命的青年，为了被压迫民族的解放，都射一支‘矢志’的箭到‘红色的五月’之塔上去！”同年6月，丰子恺又为《中国青年》画了第二幅封面，画中是一个骑在马上弯弓搭箭的青年。

1927年，上海成立“著作人公会”，由倾向革命的作家和编辑工作者郑振铎、胡愈之、叶圣陶、周予同、李石岑等人组成，丰子恺也一起加入。著作人公会的代表曾出席上海工人第三次武装起义成功后由中国共产党领导召开的上海市民代表大会，并被选为上海市政府委员。

以上是我们目前所知的丰子恺与当时激烈动荡的时局的联系。丰子恺没有为我们留下他彼时彼地对时代风云的内心感受以及道路选择的正面、直白的记述或自我解剖，就像朱自清等许多人所做的那样。但是在他写于此时的多篇随笔中，思想情绪的起伏则还是隐约可辨的。1926—1930年，是丰子恺人生旅途中一个重要的时段，虽然他的事业成就斐然、蒸蒸日上，而他的心灵却跌入了水深火热的深渊。

心　境

1926年暮春，丰子恺与夏丏尊一起到杭州看望云游而至招贤寺暂住的弘一法师。自1920年丰子恺赴日前与弘一法师在闸口凤生寺告别后，师生已有六年未曾见面了。六年后的会面，给弘一法师带来无限的喜悦：“弘一法师见我们，就立起身来，用一种深欢喜的笑颜相迎。我偷眼看他，这笑颜直保留到引我们进山门之后还没有变更。”而在丰子恺，这会面带来的则是“无端地怅惘”。会面结束后，夏丏尊因事还需在杭停留，丰子恺便独自回上海去。

列车在瓢泼的大雨中行进，车中十分寂寥，丰子恺默然而坐：

想起十年来的心境，犹如常在驱一群无拘束的羊，才把东边的拉拢，西边的又跑开去。拉东牵西，瞻前顾后，困顿得极。不但不由自己拣一条

> 路而前进，连体认自己的状况的余暇也没有。这次来杭，我在弘一师的明镜里约略照见了十年来的自己的影子了。我觉得这次好像是连续不断的乱梦中一个欠伸，使我得暂离梦境；拭目一想，又好像是浮生路上的一个车站，使我得到数分钟的静观。①

十年来，他拉家带口地勉力行走在嘈杂动乱的人世间。国内国外，城市乡间，虽不乏好山好水赏心悦目、朋友情谊令人留恋，但谋生的不易却是不争的事实，人心的隔膜更是令他寒心。

1920年初到上海时，他在西门租住了别人家的一间楼底。这是三开间的一座楼屋，楼上三个楼面是二房东自己住的，楼下左面一间已另有一家租住，右面一间空着，就是他要租住的，中间则是三家公用的客堂。这样的格局，在带着故乡石门镇的浓郁乡情来到上海的丰子恺看来，实在是一家人。

然而没想到的是，搬进去以后：

> 虽然定房子那一天我已经见过这同居者的颜色，但总不敢相信人与人的相对待是这样冷淡的，楼板的效用这样大的。偶然在门间或窗际看见邻家的人的时候，我总想招呼他们，同他们结邻人之谊。然而他们的脸上有一种不可侵犯的颜色，和一种拒人的力，常常把我推却在千里之外。尽管我们租住这房子的六个月之间，与隔一重楼板的二房东家及隔一所客堂的对门的人家朝夕相见，声音相闻，而终于不相往来，不相交语，偶然在里门口或天井里交臂，大家故意侧目而过，反似结了仇怨。②

1921年在东京时，他与几个朋友路遇一个日本老太太，陌生的她非常唐突地请他们帮忙搬东西，结果遭到了拒绝：

---

① 《法味》，《丰子恺文集》，第五卷，第25页。

② 以上引文见《楼板》，《丰子恺文集》，第五卷，第131页。

我每次回想起这件事，总觉得很有意味。我从来不曾从素不相识的路人受到这样唐突的要求。那老太婆的话，似乎应该用在家庭里或学校里，决不是在路上可以听到的。这是关系深切而亲爱的小团体中的人们之间所有的话，不适用于“社会”或“世界”的大团体中的所谓“陌路人”之间。这老太婆误把陌路当做家庭了。

这老太婆原是悖事的，唐突的。然而我却在想象：假如真能像这老太婆所希望，有这样的一个世界：天下如一家，人们如家族，互相亲爱，互相帮助，共乐其生活，那时陌路就变成家庭，这老太婆就并不悖事，并不唐突了。这是多么可憧憬的世界！①

然而这样的世界，有吗？

1926年12月间，丰子恺接连写下了五则“随感”，其四为：

人们谈话的时候，往往言来语去，顾虑周至，防卫严密，用意深刻，同下棋一样。我觉得太紧张，太可怕了，只得默默不语。

安得几个朋友，不用下棋法来谈话，而各舒展其心灵相示，像开在太阳光中的花一样！②

人心是如此的隔膜，人事是如此的繁杂，人世又是如此的浮躁喧嚣，那么人的一生，究竟是所为何来呢？我们无意中来到这个叫作人间的地方，度送着仆仆奔走、困苦劳顿的一生，其根本的意义，又在哪里呢？“近来的乐事，只是‘默看沉思’。尤其是晚间喝了三杯酒，仰卧了看星，可以抽发无穷的思想。”丰子恺的思绪远远地离开了身边纷攘的时局，高高地飘荡在繁星明月之间。他在无形的精神世界里，审视着自己的心灵，与自己的灵魂对话。

丰子恺对于人生根本的追究，是从对宇宙本原的探求开始的。

---

① 《东京某晚的事》，《丰子恺文集》，第五卷，第128页。

② 《随感五则》，《丰子恺文集》，第五卷，第304页。

时空之问。

从很小的时候起，丰子恺的心中就有两个大大的“?”。

第一个“?”叫作“空间”。“空间到什么地方为止呢?”这是自幼萦绕于他心中而未得解释的一个大问题。即使是后来进了师范，读了天文，仍不得其解。老师只是说：“宇宙是无穷大的。”

第二个“?”叫作“时间”：

宇宙诞生以前，和寂灭以后，“时间”这东西难道没有了吗?“没有时间”的状态，比“无穷大”的状态愈加使我不能想象。而时间的性状实比空间的性状愈加难于认识。我在自己的呼吸中窥探时间的流动痕迹，一个个的呼吸鱼贯的翻进“过去”的深渊中，无论如何不可挽留。我害怕起来，屏住了呼吸，但自鸣钟仍在“的格，的格”地告诉我时间的经过。一个个的“的格”鱼贯地翻进过去的深渊中，仍是无论如何不可挽留的。时间究竟怎样开始?将怎样告终?我眼前的“?”比前愈加粗大，愈加迫近了。夜深人静的时候，我屡屡为它失眠。我心中愤慨地想：我的生命是跟了时间走的。“时间”的状态都不明白，我不能安心做人![1]

空间、时间之问，是属于丰子恺的“天问”，这是他一生探求宇宙本原，进而追究人生根本的起点。

命运无常，不可料知。

丰子恺从时空之问进入到人命之惑。自幼纠缠在丰子恺心底的，原本并非只有空间、时间这两个“?”，更大的疑惑来自于对命运的关注：

我幼年时，有一次坐了船到乡间去扫墓。正靠在船窗口出神观看船脚边层出不穷的波浪的时候，手中拿着的不倒翁失足翻落河中。……我疑惑不倒翁此去的下落与结果究竟如何，又悲哀这永远不可知的命运。

---

① 《两个“?”》，《丰子恺文集》，第五卷，第280、281页。

原本以为年纪大了就会知道究竟，解除疑惑与悲哀。不料随着年龄的增长，疑惑与悲哀却在胸中日渐增多增深。偶然折落的一根树枝、树上飘飞的一片花瓣、即将离去的旅舍、烧成灰烬的字纸，都会引起他的疑惑，增加他的悲哀：它们从哪里来，又将到哪里去？这一次的惜别，便是永远的诀别了！它们的后事永远不可知了！

人生如梦。

人之生命所赖以生存的时空，是那样的茫然不可穷究；人之始终都在不停行进着的命运，又是如此的不可逆料。那么，这个所谓的“人生”，不就是一场无根的虚空的飘流的梦么？

> 无穷大的宇宙间的七尺之躯，与无穷久的浩劫中的数十年，而能上穷星界的秘密，下探大地的宝藏，建设诗歌的美丽的国土，开拓哲学的神秘的境地。然而一到这脆弱的躯壳损坏而朽腐的时候，这伟大的心灵就一去无迹，永远没有这回事了。这个“我”的儿时的欢笑，青年的憧憬，中年的哀乐，名誉，财产，恋爱……在当时何等认真，何等郑重；然而到那一天，全没有“我”的一回事了！哀哉，“人生如梦！”①

为此，丰子恺要寻找“真我”。既然“人生如梦”，而我们又都在人生的大梦中晓得自己是在做梦的，那么，我们就应舍弃梦中的假我的妄念，而将“真我”的正念凝集于心头，不断地去找寻这个“真我”的所在。

这里，“梦中的假我”，当然就是沉酣于俗世这场虚幻的梦中“热心做人”、迷失了人的本性的那个“我”；而“本来的真我”，就是看破了人生之梦的虚幻、保持着天真明净的生命本真，而以追究人生根本为己任的那个“我”。那么，我们又到哪里去寻找这个“真我”呢？

1924年，徐力民早产，一个六寸长的已然成形的小孩出世，胸部跳了一下

---

①《晨梦》，《丰子恺文集》，第五卷，第150页。

即去世了。丰子恺为他取名“阿难”，阿难的一跳深深地印在他的心头：

> 阿难！一跳是你的一生！你的一生何其草草？你的寿命何其短促？我与你的父子的情缘何其浅薄呢？
>
> 然而这等都是我的妄念。我比起你来，没有什么大差异。……我即使活了百岁，在浩劫中，与你的一跳没有什么差异。今我嗟伤你的短命，真是九十九步的笑百步！
>
> 阿难！我不再为你嗟伤，我反要赞美你的一生的天真与明慧。原来这个我，早已不是真的我了。人类所造作的世间的种种现象，迷塞了我的心眼，隐蔽了我的本性，使我对于扰攘奔逐的地球上的生活，渐渐习惯，视为人生的当然而恬不为怪。实则坠地时的我的本性，已经斫丧无余了。……你的一生完全不着这世间的尘埃。你是完全的天真，自然，清白，明净的生命。世间的人，本来都有像你那样的天真明净的生命，一入人世，便如入了乱梦，得了狂疾，颠倒迷离，直到困顿疲毙，始仓皇地逃回生命的故乡。这是何等昏昧的痴态！你的一生只有一跳，你在一秒间干净地了结你在人世间的一生，你坠地立刻解脱。正在中风狂走的我，更何敢企望你的天真与明慧呢？①

丰子恺将寻找“真我”的方向，指向了超尘脱俗的儿童世界。

然而，思想的神游终究不能取代真实的人生。儿童世界虽然充满率真的自然人性，但它最多只是人们寄托理想人格的精神家园。现实生活中，童真不能解决成人社会的实际问题，显而易见它不是寻找“真我”的可行方向与真实途径。怎样在昏昧的人世乱梦中不失“真我”天真明慧的本性？又如何摆脱这颠倒困疲的“浮世苦”？我们靠什么才能最终勘破虚空，解除疑惑，破解生命存在的真义？丰子恺终究还是迷惘。

---

① 《阿难》，《丰子恺文集》，第五卷，第146页。

黄昏时候，花猫追老鼠，爬上床顶，又从衣箱堆上跳下。孩子吓得大哭，直奔投我的怀里。两手抱住我的头颈，回头来看猫与老鼠在橱顶大战，面上显出一种非常严肃而又万分安心的表情。

我在世间，也时时逢到像猫与老鼠的大战的恐吓，也想找一个怀来奔投。可是到现在还没有找到。①

这个可以奔投的“怀”，不久，就找到了。

佛　门

1926年暑假的一个早上，丰子恺与游学日本时的朋友黄涵秋正在一边吃早餐，一边翻阅着李叔同出家时送他的照片。忽然，一个住在隔壁的学生心急慌忙地跑上楼来说：

“门外有两个和尚在寻问丰先生，其中一个样子好像是照片上见过的李叔同先生。”

丰子恺下楼一看，果然正是弘一、弘伞两位法师立在门口，于是赶忙请上楼来。原来两位法师途经上海要往江西去，现正等着江西的来信。一时有空，便来看望丰子恺。

周围邻居闻讯，都赶了来求见法师。而丰子恺却只是在那里疑惑：正在看着他的照片，他怎么就来到眼前了呢？“今日何日？我梦想不到书架上这堆照片的主人公，竟来坐在这过街楼里了！这些照片如果有知，我想一定要跳出来，抱住这和尚而叫‘我们都是你的前身’吧！”

饭后的闲谈中，弘一法师谈到了城南草堂和超尘精舍。城南草堂是法师20岁时陪母亲南迁上海时所居的一所房子，就在大南门的金洞桥畔。此次来沪，他住在小南门的灵山寺，离金洞桥很近。客居无事，听说大南门有一处讲经念佛的地方，叫作超尘精舍，就想去看看。到了那里，寻了许久，总也找不到，

① 《随感五则》，《丰子恺文集》，第五卷，第304、305页。

于是便改道去走访旧时居住过的城南草堂。哪里晓得，城南草堂的门外，就挂着超尘精舍的匾额，而所谓的超尘精舍，正设在城南草堂里面！

弘一法师讲到这里，十分兴奋，说：

“真是奇缘！那时候我真有无穷的感触啊！”

他把“无穷”两字拉得特别长，使丰子恺听了，一阵鼻酸。

第二天，丰子恺、黄涵秋等人便应弘一法师之约，一起到了灵山寺。见面之后，这位原先城南草堂里锦衣貂裘的贵公子、如今芒鞋锡杖四处云游的出家人，便一手夹着一个灰色的小手巾包，一手拿了一顶两只角已经脱落的蝙蝠伞，兴致勃勃地陪他们去访城南草堂。

到了那里，弘一法师将桥、浜、树、舍，一一指点给他们看，不意惊动了里面的一个和尚。他走出来，招呼他们进去坐。

弘一法师谢了他，说：“我们是看看的。这房子我曾住过，二十几年以前。”

那和尚打量了他一下说：“哦，你住过的！”

这情形引起丰子恺无限的感慨：“看见那宁波和尚打量他一下而说那句话的时候，我眼前仿佛显出二十几年前后的两幅对照图，起了人生刹那的悲哀。”

午饭之后，弘一法师又带他们去了世界佛教居士林，拜访尤惜阴居士，尤居士又引导他们瞻观了舍利室。

弘一法师此次来访，带给丰子恺许多新鲜的感受和体验：

> 这一天我看了城南草堂，感到人生的无常的悲哀，与缘法的不可思议；在舍利室，又领略了一点佛教的憧憬。两日来都非常兴奋，严肃。[①]

1927年9月底，弘一法师由弟子宽愿陪同，又一次来到了上海，准备将托送《四分律比丘戒相表记》的事办妥后，再往天津探亲。然而在上海待了一个多月之后，法师因了种种的顾虑，终于没有实行他的“天津之行”，而回永嘉去了。法师没有与他的天津俗家接续尘世之缘，而他在上海居留的这一个多月，

① 以上引文见《法味》，《丰子恺文集》，第五卷，第34页。

却为丰子恺的生活带来了丰富的内容。

这一个多月里，弘一法师没有客寓寺院，一直都住在丰子恺位于江湾永义里的家中。

> 每天晚快天色将暮的时候我规定到楼上来同他谈话。他是过午不食的，我的夜饭吃得很迟。我们谈话的时间，正是别人的晚餐的时间。他晚上睡得很早，差不多同太阳的光一同睡着，一向不用电灯。所以我同他谈话，总在苍茫的暮色中。他坐在靠窗口的藤床上，我坐在里面椅子上，一直谈到窗外的灰色的天空衬出他的全黑的胸像的时候，我方才告辞，他也就歇息。这样的生活，继续了一个月。现在已变成丰富的回想的源泉了。①

这些在苍茫暮色之中进行的一次次长谈，究竟都谈到了哪些内容，现在已是不可详知了。但对丰子恺来说，必是影响至深而又意味无穷，否则不会成为他日后“丰富的回想的源泉”。

一天的暮色长谈之中，丰子恺请法师为自己的寓所取一个堂号。法师让他在一些小方纸片上分别写上自己喜欢而又可以互相搭配的字，团成一个个纸球后，撒在佛像前的供桌上，抓阄定夺。丰子恺依计行事，连抓两次，拆开来都是一个“缘”字，于是就将寓所定名为“缘缘堂”。丰子恺即请法师写了一幅横额，装裱后挂在永义里的寓所中。按照丰子恺的说法，这只是缘缘堂“灵”的存在。此后五六年中，丰子恺迁到哪里，哪里就成了“缘缘堂”。

在两人的这段交往中，我们今天仍然清晰可见的情景，是在1927年10月21日（农历九月二十六日）。这一天，是丰子恺在尘世之中的第29个生日；这一天，更是他在精神世界里的一次新生，因为正是从这一天起，他依从弘一法师皈依佛门，成了一名法名为“婴行”的佛教徒。皈依仪式就在永义里丰子恺家中楼下的钢琴旁举行。三姐丰满原本就是笃信佛教的人，也在此时皈依，法

① 《缘》，《丰子恺文集》，第五卷，第154页。

名“梦忍”。[①]

现在回观丰子恺皈依前的生活，并没有发生过什么重大的变故。社会时局对他个人，也没有什么直接的重大打击。因此丰子恺此时皈依佛门，固然有人生的挫折使然：离开学校之后的谋生经历，让他直面了社会的虚伪骄矜之状，世味初尝。就中有叵测的人心，险恶的世道，动荡的时局和那似乎永无休止的血雨腥风。无数艰辛、几多沧桑，直使他凄惶的心境无所依托。正是此时，昔日恩师李叔同重新出现在他的生活中。丰子恺与李叔同具有相同的气质禀赋，“大约是我的气质与李先生有一点相似，凡他所喜欢的，我都喜欢”[②]。弘一法师在此时此地的出现，把他当年在浙一师时的“爸爸的教育”重又带到了迷惘无助的丰子恺面前，这必使他有久旱逢甘雨般的欣喜和吸纳。

然而这却不是全部的原因，仔细剖析，尚有其他的因缘。

表面来看，丰子恺是一个雍容和静的人，正如朱光潜等朋友们的所言。而实际上，他的内心却常有波澜起伏。虽然，敏感的天赋禀性，使他在日复一日的尘世生活中，从许多细微的观察体味中，累积起无数的心灵创伤和人生感慨。然而，细腻多思如他这样的文人，其实根本无需什么重大变故的打击，即使是如一朵花的凋谢、一片叶的飘零、一个眼神、一声轻叹，都足以引发他心头的感慨，引出他关于宇宙人生的喟叹。

弘一法师向以弘法劝善为己任。他与夏丏尊是相交契合、关爱甚切的老友，多次祈愿夏丏尊能与他“同生安养，共圆种智”。夏丏尊曾说法师“出家后对我督教期望尤殷，屡次来信都劝我勿自放逸，归心向善”，[③]但终因种种尘缘的牵阻而未能如法师之所愿。在那个月的暮色长谈中，法师与丰子恺之间，一定会有多次类似的话题。这些话题正合丰子恺超脱向善的本性，又十分及时地契合了他当时追究人生根本、寻求“真我”的意愿和摆脱浮世之苦的向往，引领着他走出对于儿童世界的神往，而到佛法与哲理中去寻求释疑解惑的真实途径。

---

① 丰子恺当时所行的皈依仪式，并无详细文献记述。有些传记对此事有详尽的记述乃至渲染，恐多臆测之词，不足为信。

② 《我与弘一法师》，《丰子恺文集》，第六卷，第399页。

③ 夏丏尊：《我的畏友弘一和尚》，见《漫忆李叔同》，第40页。

1928年底，弘一法师为编绘《护生画集》再次来到上海。

早在1927年10月初，丰子恺拿了两幅戒杀漫画，往访随侍印光法师的青年佛教学者李圆净居士。李圆净对这两幅漫画十分欣赏，并建议丰子恺绘制一批此类漫画，以结集济世。丰子恺觉得此意甚好，同时想到两年后（1929年）法师年届五十，也正可以用宣传戒杀的《护生画集》为他祝寿。

这个设想得到了法师的赞同和支持。他们一起商定了大体规划：一幅图画配一篇说明文字；丰子恺绘制图画，法师撰写说明，印刷、出版、发行等由李圆净负责，争取在法师五十寿辰时与读者见面。

《护生画集》在法师的直接参与下，进展顺利。法师为此多次致信丰子恺，就画集的主题、选材、布局、字体以至纸张、装订、发行等细节都作了详尽的指点。尤为强调："发愿流布《护生画集》，盖以艺术作方便，人道主义为宗趣。"（1928年农历九月初四致丰子恺信所附短跋）

画集于1929年2月法师五十寿辰前由上海开明书店出版，国学大师马一浮为之作序。①

仿佛冥冥之中有天意的神授，1926—1928年间，弘一法师连续三年亲赴上海，与丰子恺造就圆满了多重因缘。此后，他就如完成了使命一样地远游而去。

丰子恺虽然入了佛门，但此时的他，本质上还是一个血气方刚、愤世嫉俗的青年。他的信奉佛教，除了弘一法师的影响外，更多的是带着对时空、命运、人生的疑惑愤激情绪皈依的。因此即使入了佛门，也并没有解决他人生的根本问题，烦恼依旧，疑惑犹存，心境更是日趋暗淡。他在这暗淡中努力地挣扎，努力地寻求解脱之道，却终于无果。不得已中，他便为自己的灵魂寄托虚拟了一册极大的账簿：

> 我仿佛看见一册极大的大账簿，簿中详细记载着宇宙间世界上一切物类事变的过去、现在、未来三世的因因果果。自原子之细以至天体之巨，自微生虫的行动以至混沌的大劫，无不详细记载其来由、经过与结果，没

① 参见金梅：《悲欣交集——弘一法师传》，上海文艺出版社1997年版，第353页。

有万一的遗漏。

然后自求解脱地宣称：

于是我从来的疑惑与悲哀，都可解除了。

然而事实并非如此。在他数月之后写下的另一篇随笔《秋》中，我们看到了丰氏作品中少见的愤激之语：

我现在对于春非常厌恶。每当万象回春的时候，看到群花的斗艳，蜂蝶的扰攘，以及草木昆虫等到处争先恐后地滋生繁殖的状态，我觉得天地间的凡庸，贪婪，无耻，与愚痴，无过于此了！尤其是在青春的时候，看到柳条上挂了隐隐的绿球，桃枝上着了点点的红斑，最使我觉得可笑又可怜。我想唤醒一个花蕊来对它说："啊！你也来反复这老调了！我眼看见你的无数的祖先，个个同你一样地出世，个个努力发展，争荣竞秀；不久没有一个不憔悴而化泥尘。你何苦也来反复这老调呢？如今你已长了这孽根，将来看你弄娇弄艳，装笑装颦，招致了蹂躏，摧残，攀折之苦，而步你的祖先们的后尘！"

……天地万物，没有一件逃得出荣枯，盛衰，生灭，有无之理。过去的历史昭然地证明着这一点，无须我们再说。古来无数的诗人千篇一律地为伤春惜花费词，这种效颦也觉得可厌。假如要我对于世间的生荣死灭费一点词，我觉得生荣不足道，而宁愿欢喜赞叹一切的死灭。对于前者的贪婪，愚昧，与怯弱，后者的态度何等谦逊，悟达，而伟大！①

这种愤激的情绪在1930年正月母亲钟云芳去世后，达到了顶峰：

① 《秋》，《丰子恺文集》，第五卷，第163页。

> 我那时初失母亲——从我孩提时兼了父职抚育我到成人，而我未曾有涓埃的报答的母亲。痛恨之极，心中充满了对于无常的悲愤和疑惑。自己没有解除这悲和疑的能力，便堕入了颓唐的状态。[①]

他为母亲服丧49天，并从此蓄须，以志纪念。

丰子恺终于为自己寻找到了一个慈悲佛门的怀来奔投。然而毕竟法味初尝，修行尚浅，依旧不能抚平他悲愤交织的心中愁苦，慰藉他栖止无所的灵魂惶惑。弘一法师已然云游而远去，谁，又能助他摆脱这颓唐呢？

① 《随卷》，《丰子恺文集》，第五卷，第204页。

第五章　艺术的栖止

缘缘堂：你是我的安息之所。你是我的归宿之处。我正想在你的怀里度我的晚年，我准备在你的正寝里寿终。谁知你的年龄还不满六岁，忽被暴敌所摧残，使我流离失所，从此不得与你再见。

——丰子恺

陋　巷

1931年清明节，丰子恺第二次走进了杭州延定巷。此时距他跟随李叔同第一次来此拜访马一浮，浮生的岁月已然飘过了15年的时光。[①]在丰子恺看来，这15年的时光，于此陋巷，于陋巷中的马一浮先生，是十余年如一日的。

而在丰子恺自己，这15年的人生，却是别有一番滋味在心头。人生的无常之恸原本就是他心头长久萦绕、挥之不去的痛，又加上近几年来，“我的家里同国里一样的多难：母亲病了很久，后来死了；自己也病了很久，后来没有死”[②]。没有死的丰子恺心中充满了对于无常的悲愤和疑惑，且这悲愤和疑惑在此时达到了他一生的顶点。他没有能力解除这悲愤和疑惑，只好将这一团“剪不断，理还乱”的烦恼丝，用纸包好了深深地藏在心里。悲愤、痛苦、颓唐的

---

① 丰子恺《陋巷》中称，第二次访问马一浮是第一次访问之后16年的事。第一次是在1917年（见《陋巷》），此时为1931年清明节，故前后最多只有15年。

② 《谈自己的画》，《丰子恺文集》，第五卷，第469页。

丰子恺就这样心绪黯然地走进了陋巷里的这所老屋。

4月里的老屋青藤爬墙，绿苔泥地，湿润清凉的空气中透着丝丝缕缕的书香。老屋里的马先生神情安详，目光犀利。疲惫而又迷惘的游子无意地跨进这老屋的门槛，他便找到了永久的慰藉。弘一法师曾说：马先生是生而知之的。诚哉斯言，因为他是世间难得的智者。往昔，他曾为李叔同的心灵导航，现在又要拂去丰子恺心头的迷惘。

> 他和我谈起我所作而他所序的《护生画集》，勉励我，知道我抱着风木之悲，又为我解说无常，劝慰我。……M先生的态度和说话，着力地在那里发开我这纸包来。

智慧的思想与深广的心灵在丰子恺面前层层展现，映出了他年轻的褊狭和苍白。原来人生似乎并不是虚空的梦，无常之恸也并非只能是无法解脱的颓唐。疑惑与哀叹之外，还有广阔的天地；悲愤与痛苦之上，还有更高的境界。

> M先生的严肃的人生，显明地衬出了我的堕落……我在他面前渐感局促不安。

局促不安来自迷惘之中渐渐开始的觉悟，这最初的觉悟又带来了久违的愉快：

> 我走出那陋巷，看见街角上停着一辆黄包车，便不问价钱，跨了上去。仰看天色晴明……

与李叔同、夏丏尊相比较，马一浮对丰子恺的影响可谓有过之而无不及。就像当年浙一师时的入山为僧，李叔同在将丰子恺引进佛门后，又一次地飘然远去，又一次地留给丰子恺无所适从的迷惘。但是李叔同并非弃他而去，就像当年留给他一个“日本”的向往一样，现在又为他留下一位排疑解惑的导师。

至此，马一浮不仅与李叔同一样成为丰子恺思想上恭敬如命的精神导师，更是他俗世旅途上亦步亦趋、相扶相持的患难之交。这种知遇之交，直至1967年马一浮去世方成永诀。

马一浮是丰子恺最为敬重而愿亲近的长者之一。在丰子恺的心目中，马先生学识渊博、品德高尚，而尤为洞彻人生、善解人意，即使不是古圣孔子，也是他的大弟子颜渊一类的贤哲了。他把马先生所居的杭州延定巷称为“陋巷”，就是用了《论语》中颜渊“居陋巷”的典故而来的比兴。丰子恺对马先生的感情，一向是“热烈地感到畏敬的亲爱”。两年后，他怀着同样的感情第三次来到了陋巷。

这一次，丰子恺是为预备绘制一册《无常画集》的事来请教马一浮的。他在古诗词中读到许多咏叹无常的文句，就想集起来描成画幅。马先生知晓来意之后，先是指给他许多可找这种题材的佛教和诗文集，又背诵了许多佳句。最后说道：“无常就是常。无常容易画，常不容易画。”此话犹如一帖极佳的清凉剂，将丰子恺从无常的火宅中救出，使他的思想和心态渐渐地从对命运、人生无常的执迷之中觉悟，进入平和达观的境界。就在这样的心境中，他迎来了生命中的黄金时期——缘缘堂中可爱的家居生活。丰子恺领悟“生活的艺术”、进而“艺术地生活”的情趣，在缘缘堂中得到了充分的实践和满足。

缘缘堂

1930年秋天，丰子恺患了伤寒症，卧病在床数月，便辞去了外面的教职。1932年7月，他携眷从嘉兴回到上海，在旧法租界雷米路（今永康路）雷米坊暂住。

丰子恺自1919年成家以来，为了一家人的生活而奔走他乡、糊口四方，长期东搬西迁、居无定所。现在既然已辞去了外面的一切教职，赋闲在家，加之儿女成群，因此建造自己的房屋就成了迫切需要解决的问题。

其实建造一座新屋的愿望，在丰子恺和他母亲的心底，已经酝酿而又压抑得很久了。因为石门镇上的惇德堂老屋，庇荫了丰家三代人，这时候已经门坍壁裂，十分衰颓了，“渐渐表示无力再荫庇我们这许多人了”。但是由于丰子恺教书写稿的收入有限，而染坊店和田里的收入也是仅够供养而无余裕，因此造屋只能是藏在心底的奢望。

后来，丰子恺的生活渐渐宽裕起来，每年都有几叠钞票交送母亲，于是造屋的念头就从母亲的心底偷偷地浮了出来。丰子恺30岁那年，送徐力民回家奉母。有一天，邻居家里请来木匠修窗，母亲便借了他的六尺杆，与丰子恺一起到老屋后面母亲早年买下的空地上去测量了一下，又商议了一番。终归是财力物力还嫌不足，只得再次作罢了。

回来时，母亲低声地关照丰子恺：“勿对别人讲。”这是母亲的沉稳和谨慎。

丰子恺却是血气方刚，率然而言：“我们决计造！钱我有准备！”

他把收入的预算一项项地数给母亲听。想当时，母亲的脸上一定会有微笑，心里一定会有欣慰。然而，脚踏实地的老人又怎会凭着这不确定的“预算”而去建房造屋呢？

母亲将造屋的念头埋在心底，长逝而去。新屋则在丰子恺的手里变成了现实。这便是缘缘堂。

缘缘堂址在石门镇梅纱弄八号，与老屋惇德堂隔弄相望。此弄原名“煤沙弄”，丰子恺嫌其不雅，便改成了梅纱弄。自1933年春缘缘堂建成，至1937年11月在炮火之中踏上流亡之路，丰子恺全家在石门度过了将近五年的乡居生活。

丰子恺显然是在近代文明和城市文化的孕育中成长起来的，但他对传统和乡村有着割舍不断的依恋。对故乡石门，更是梦牵魂绕，心神向往，缘缘堂就建在这个他所称的安乐之乡：

> 缘缘堂构造用中国式，取其坚固坦白。形式用近世风，取其单纯明快。一切因袭，奢侈，烦琐，无谓的布置与装饰，一概不入。全体正直，（为了这点，工事中我曾费数百元拆造过，全镇传为奇谈。）高大，轩敞，明爽，具有深沉朴素之美。正南向的三间，中央铺大方砖，正中悬挂马一浮先生写的堂额。壁间常悬的是弘一法师写的《大智度论·十喻赞》，和“欲为诸

法本，心如工画师”的对联。西室是我的书斋，四壁陈列图书数千卷，风琴上常挂弘一法师写的“真观清净观，广大智慧观。梵音海潮音，胜彼世间音”的长联。东室为食堂，内连走廊，厨房，平屋。四壁悬的都是沈寐叟的墨迹。堂前大天井中种着芭蕉、樱桃和蔷薇。门外种着桃花。后堂三间小室，窗子临着院落，院内有葡萄棚、秋千架、冬青和桂树。楼上设走廊，廊内六扇门，通入六个独立的房间，便是我们的寝室。秋千院落的后面，是平屋、阁楼、厨房和工人的房间——所谓缘缘堂者，如此而已矣。①

缘缘堂建成后，大家齐集在老屋里等候乔迁。丰子恺对老屋的怀恋和不舍油然而生。36年前，他出生于老屋，老屋里是一个快乐温馨的大家庭。36年后的今天，新房缘缘堂里依然是一个大家庭，欢乐温馨依旧。只是昔年的娇儿成了今日的家长，而娇儿的双亲却都已永久地安眠。家屋的变迁中，有无限深情的家族怀念。

他想起了父亲磨难而早逝的一生，想起了独自静静地安眠在长松衰草之下不得及见新房落成的母亲。这使丰子恺遗恨终身。为了纪念母亲，他在二楼的西壁上题写了一个楼名：“春晖楼”，下边挂上了母亲的遗像。

好在此时的丰子恺对于世事人生之无常，已能自舔伤痕、自寻解脱。渐趋达观、平和的丰子恺，在缘缘堂度过了他尘世浮生中最为身心交融的好时光。

闲适家居

缘缘堂不是世外桃源，却绝对是丰子恺宁静、闲逸的自在之邦。在他的笔下，这“六年华屋”②的家居，实在令人神往：

自民国二十二年春日落成，以至二十六年残冬被毁，我们在缘缘堂的

① 《辞缘缘堂》，《丰子恺文集》，第六卷，第125页。

② 丰子恺在1938年所作《高阳台》一词中，称缘缘堂为“六年华屋”，这是从它筹建之初算起的。从1933年春建成至1937年冬被毁，缘缘堂实际存在的时间约为五年。

> 怀抱里的日子约有五年。现在回想这五年间的生活，处处足使我憧憬：春天，两株重瓣桃戴了满头的花，在门前站岗。门内朱楼映着粉墙。蔷薇衬着绿叶。院中秋千亭亭地立着，檐下铁马丁东地响着。堂前燕子呢喃，窗内有“小语春风弄剪刀”的声音。这和平幸福的光景，使我难忘。夏天，红了樱桃，绿了芭蕉，在堂前作成强烈的对比，向人暗示“无常”的幻想。葡萄棚上的新叶，把室中人物映成绿色的统调，添上一种画意。垂帘外时见参差人影，秋千架上时闻笑语。门外刚挑过一担“新市水蜜桃”，又来了一担“桐乡醉李”。喊一声“开西瓜了”，忽然从楼上楼下引出许多兄弟姊妹。傍晚来一位客人，芭蕉荫下立刻摆起小酌的座位。这畅适的生活也使我难忘。秋天，芭蕉的叶子高出墙外，又在堂前盖造一个天然的绿幕，葡萄棚上果实累累，时有儿童在棚下的梯子上爬上爬下。夜来明月照高楼，楼下的水门汀映成一片湖光。各处房栊里有人挑灯夜读，伴着秋虫的合奏，这清幽的情况又使我难忘。冬天，屋子里一天到晚晒着太阳，炭炉上时闻普洱茶香。坐在太阳旁边吃冬舂米饭，吃到后来都要出汗解衣裳。廊下晒着一堆芋头，屋角里藏着两瓮新米酒，菜橱里还有自制的臭豆腐干和霉千张。星期六的晚上，儿童们伴着坐到深夜，大家在火炉上烘年糕，煨白果，直到北斗星转向。①

丰子恺的性情里，肯定有祖母丰八娘娘我行我素的一面。率直、自由、不受拘禁地生活，是他的本性，除非迫于生计的无奈，一有条件和机会必定照此实行。学生时代，他就十分讨厌刻板的寄宿生活。直到1935年，儿女都上了中学，他还对此耿耿于怀，称之为“囚犯似的学校生活”。在春晖中学任教时，他认为自己在外漂泊的生活过得久了，不免疏懒放逸，因而不能适应板起脸来做先生的学校生活。其实哪里是漂泊生活过长久了的缘故，分明是本性如此罢了。

1927年时，他写了一篇《闲居》，说：

---

① 《辞缘缘堂》，《丰子恺文集》，第六卷，第126页。

闲居，在生活上人都说是不幸的，但在情趣上我觉得是最快适的了。假如国民政府新定一条法律：“闲居必须整天禁锢在自己的房间里”，我也不愿出去干事，宁可闲居而被禁锢。①

早在1930年秋因病辞去松江女中的教职后，丰子恺便在事实上处于赋闲家居的生活状态，虽然当时还挂着立达学园校务委员的头衔，却并没有具体的工作，实际上这是他缘缘堂闲居生活的前奏。

缘缘堂实现了丰子恺赋闲家居的梦想。对缘缘堂中的这种闲居生活，堂主人并没有很多直接描述的笔墨，不过我们却可以从他的作品中间接而真切地感受到一幅幅温馨的生活场景。

在漫画《草草杯盘供语笑，昏昏灯火话平生》中，我们可以看到主客闲谈、清茶在握、油灯摇曳、炉火相伴的温馨场景。

1937年，丰子恺为青少年写过《音乐故事》和《少年美术故事》两书。前者有故事11则，连载于1937年1月至6月的《新少年》第3卷第1期至第11期；后者有故事24则，连载于1936年。1月至12月《新少年》第1卷第1期至第12期及第2卷第1期至第12期，开明书店1937年3月出版。②

两书故事均以一个闲居乡间的家庭为背景展开，主人公是姐弟二人和他们从事艺术创作与理论研究的父亲。很明显，这个背景就取材于石门镇的缘缘堂。姐姐柳逢春，有陈宝、林先和软软的影子；弟弟柳如金，就是华瞻、元草的兄弟合影。那位为一双儿女讲述了一个又一个音乐美术故事的父亲，分明就是丰子恺的化身了。甚至偶尔地，我们从此父亲身上，还能看到丰𫓧的身影。丰子恺童年时的清明扫墓、摘蚕豆梗做笛子，还有丰𫓧的《扫墓竹枝词》，都原封不动地出现在故事中。③其他亲友诸人，如丰子恺的妹妹丰雪珍、妹夫蒋茂春、外甥蒋镇东等，都真名实姓地在故事中欢笑嬉闹。④因此我们不妨从这些故事里，

---

① 《丰子恺文集》，第五卷，第117页。

② 《丰子恺文集》，第三卷。

③ 《音乐故事》之“翡翠笛”，《丰子恺文集》，第三卷，第482页。

④ 《少年美术故事》之“初步”“珍珠米”等，《丰子恺文集》，第三卷，第534、577页。

去找寻一些缘缘堂中的生活趣味。

有时，是朋友的来访：

> 寒假中，爸爸的老朋友陆先生来我家做客。他带给我们两只口琴，和两本他自己著作的《口琴吹奏法》。……
>
> 爸爸指着我们对陆先生说："这好比是'夜雨剪春韭'，等一会儿我们还要'一举累十觞'呢！"陆先生笑着回答说："倘使'十觞亦不醉'的话，等一会儿我们还要'口琴闹一场'，哈哈哈哈！"我们听说陆先生改作的一句诗，大家笑起来。这首杜甫的诗，姐姐在中学里读过，新近她教了我，我已经读熟。当时我家的情景，真同诗境一样。我们就不约而同地齐声背唱起那首诗来……诗好比是晚餐的前奏曲，他们在晚餐的桌上追忆过去，谈种种旧事。有时大家好笑，有时大家叹息。这一餐就遥遥无期地延长起来。①

文中的这位陆先生，原型就是丰子恺的好友、口琴演奏家黄涵秋。

有时，是艺术的讲解和熏陶。书中的"爸爸"有一箱子的纸扇，上面都题着字，画着画。爸爸时常拿着扇子在院子里边踱步边看，以至于徐妈和两个孩子都起了好奇心，不知这扇上的字画究竟好在哪里，对他有这么大的吸引力。于是爸爸借题发挥，对他们作了一番中国山水画的讲演。②

丰子恺好静又好动，乡居的日子久了，就要出门去游玩。他最喜欢的去处是杭州，最喜欢的交通工具是运河里的客船。那时，客船一天半到杭州，船价不过三五元，且开船时间由客定，还可自带行李，进了船舱，就像走进自己的房间一样。航行途中经过码头，还可上岸买些当地名产如糖枇杷、糖佛手。再到靠河边的小酒店里去找一个幽静的座位，点几个小盆：冬笋、菱白、芥菜、毛豆、鲜菱、良乡栗子、熟荸荠……烫两碗花雕，尽管浅斟细酌，迟迟回船歇

---

① 《音乐故事》之"松柏凌霜竹耐寒"，《丰子恺文集》，第三卷，第459、460页。

② 《少年美术故事》之"爸爸的扇子"，《丰子恺文集》，第三卷，第565—568页。

息。这种游玩，令丰子恺十分的惬意和满足。

缘缘堂里的日子就是这样的和睦而温馨、悠闲而雅致。丰家人品味生活、享受人生的艺术趣味，在缘缘堂里得到了充分的展示。

儿女初长成

做丰子恺的子女，是一种幸福。他不仅是慈父，更是涵养深厚的艺术家。他在点点滴滴的日常生活中给儿女以艺术的熏陶，也在点点滴滴的日常生活中记录着儿女的颦笑言行，给我们以艺术的欣赏。

缘缘堂时，丰家那一群小燕子似的儿女，阿宝、软软和华瞻，加上跟着祖母生活的林先，都渐渐长成，纷纷到了该入中学的年龄。

昔日上海小家庭中天真烂漫的小儿女生活曾占据了丰子恺的心，让他由衷地企羡，并因此而赞美童心和儿童世界的广大。但是现在，儿女们都长大了。

有一年寒假里的一天，丰子恺正在翻阅自己的画册，阿宝、软软、华瞻都站在他的身边同看。当看到《瞻瞻新官人，软软新娘子，宝姐姐做媒人》这一幅时，几个孩子都不自然起来。软软和华瞻的脸上现出忸怩的笑容，而阿宝则坚决地表示再也不做媒人了。

又有一次，丰子恺从上海带回一包巧克力，分给几个孩子。阿宝却并未像以前那样地先吃为快，而是将她自己的那一份，均匀地分给了弟妹们。他们欢喜地吃糖，阿宝欢喜地看着他们吃。这一幕景象叫独在楼窗上观望的丰子恺看了，真是又喜又悲：

> 这个一味“要黄”[①]而专门欺侮弱小的捣乱分子，今天在那里牺牲自己的幸福来增殖弟妹们的幸福，使我看了觉得可笑，又觉得可悲。你往日的一切雄心和梦想已经宣告失败，开始在遏制自己的要求，忍耐自己的欲望，而谋他人的幸福了；你已将走出惟我独尊的黄金时代，开始在尝人类之爱

① 阿宝吃鸡蛋只要蛋黄，不要蛋白，并因此而将一切她所要的东西称为“黄”。

的辛味了。[①]

儿女的成长，带给丰子恺很多的是安慰。他对阿宝说："你已在我的不知不觉间长成了一个少女，将快变为成人了。……我的辛苦和你母亲的劬劳似乎有了成绩，私心庆慰。"[②]然而欣慰之外，更多的却是"虚空和寂寥"的心境，因为昔日天真烂漫的阿宝，从此永远不得再见了。

十年前，丰子恺在艳羡儿童生活的同时，曾有对他们未来的预言：

> 你们的黄金时代有限，现实终于要暴露的。这是我经验过来的情形，也是大人们谁也经验过来的情形。我眼看见儿时伴侣中的英雄，好汉，一个个退缩，顺从，妥协，屈服起来，到像绵羊的地步。我自己也是如此，后之视今，亦犹今之视昔，你们不久也要走这条路呢！[③]

现在，他们果然都走到这条路上来了，丰子恺自是感慨万千。他为孩子们的走出黄金时代而悲哀，为从此不得再见孩子们旧时的天真烂漫而叹惜，也为自己的步入中年而颇有落寞之感。"去日儿童皆长大，昔年亲友半凋零"，丰子恺心境的虚空与寂寞，正是由此而来。

艺术地生活

丰子恺以自己独特的情趣领悟、体味生活的艺术，在缘缘堂里酿造了令人羡慕的生活氛围。但这只是他精神和心灵远离尘嚣世态、得以自由呼吸和驰骋的一种生存状态，而非放弃一切劳作的生活享受。他找到的是闲适的心态，并非闲散的无所事事。领悟生活的艺术，进而艺术地生活，这才是丰子恺生活的全部。

---

① 《送阿宝出黄金时代》，《丰子恺文集》，第五卷，第448页。
② 《谈自己的画》，《丰子恺文集》，第五卷，第448页。
③ 《送阿宝出黄金时代》，《丰子恺文集》，第五卷，第450页。

缘缘堂的几年里，丰子恺作画写文，笔耕不辍，创作丰硕。

此时出版的随笔文集，有《缘缘堂随笔》（1937）、《中学生小品》（1932）、《随笔二十篇》（1934）、《车厢社会》（1935）、《丰子恺创作选》（1936）、《缘缘堂再笔》（1937）、《少年美术故事》（1937）等。

丰子恺的随笔至此已经形成自己十分独特的风格。在以往以政治、军事等革命文学为中心的现代文学史研究中，他没有受到足够的重视。但他独具文化性灵的作品，却一直受到读者的欢迎。早在20世纪30年代，日本评论家谷崎润一郎就有言称："任何琐屑细微的事物，一到他的笔端，就有一种风韵，殊不可思议。"日本汉学家吉川幸次郎在翻译了《缘缘堂随笔》后写道："著者丰子恺，是现代中国最像艺术家的艺术家，这并不是因为他多才多艺……我所喜欢的，乃是他的像艺术家的真率，对于万物的丰富的爱，和他的气品，气骨。如果在现代要想找寻陶渊明、王维那样的人物，那么，就是他了吧。他在庞杂诈伪的海派文人中，有鹤立鸡群之感。"①

在丰子恺的随笔中，最让我们难以忘怀的是作者袒露的心境和情怀。在这里，我们可以看到他对时间空间的探寻，是他在穷究生命本原、宇宙根本中表露的对于人生的终极关怀；他对儿童世界的描写，是为了从儿童与成人社会的对比中观照自然人性的失落；他对佛门佛法的萦心虔诚，是他期望从哲学和宗教中寻求克服人生疑惑虚空的真实途径；他对人性弱点的批判，是为了从这批判中升华起一个更为完善和光明的社会；他对大众艺术的倡导，是他作为一个艺术家的社会责任感的积极实践。

丰子恺的随笔中，没有呐喊和呼啸（抗战时的随笔作为一个特例除外），没有喧嚣和浮躁，没有骄矜和造作，从容裕如、自然醇厚。本书中，笔者以较多的篇幅引录了一些随笔的片段，读者自可细加体味。

除随笔创作外，据丰陈宝、丰一吟所编《丰子恺著译书目》，1931至1937年间，丰子恺出版的画集有《光明画集》（1931）、《学生漫画》（1931）、《儿童

① 以上引文均见［日］谷崎润一郎著，夏丏尊译：《读〈缘缘堂随笔〉》，见《丰子恺文集》，第六卷，第112页。

漫画》(1932)、《儿童生活漫画》(1932)、《云霓》(1935)、《人间相》(1935)、《都市之音》(1935)；艺术理论著作有《西洋名画巡礼》(1931)、《绘画与文学》(1934)、《近代艺术纲要》(1934)、《艺术趣味》(1934)、《开明图画讲义》(1934)、《艺术生活》(1935)、《绘画概说》(1935)、《西洋建筑讲话》(1935)、《艺术漫谈》(1936)；音乐类著作有《世界大音乐家与名曲》(1931)、《西洋音乐楔子》(1932)、《开明音乐讲义》(1934)；著有《初恋》(1931)、《艺术教育》(1932)、《自杀俱乐部》(1932)、《音乐概论》(1932)；另外还编选了《怀娥铃演奏法》(1931)、《怀娥铃名曲选》(1931)、《英文名歌百曲》(1932)、《洋琴名曲选》(1932)、《风琴名曲选》(1932)、《开明音乐教本》(1935)。①

从这个书目中，不仅可以看出丰子恺著译绘画的勤奋、成果的丰硕，还可以发现他在随笔、漫画创作之外，其笔耕的范围，已广泛地涉足各个艺术领域。在绘画、音乐、建筑、艺术史、艺术理论乃至翻译等方面，都有质高量多的作品出现。再加上没有收入这个书目的诗词书法、金石篆刻作品，丰子恺几乎就是一个完美的艺术通才。与其师李叔同的艺术才质和作为相比，他可以称得上是除了戏剧以外的全盘继承者了。

丰子恺艺术地生活的生存方式，除了门类众多、作品丰富的艺术创作外，最有价值的内涵还是体现在对日常生活的艺术化理解、处理和浸透其中的艺术趣味。这种艺术地生活的心态和境界，除了他自己的天性使然外，也有其师李叔同、夏丏尊的言传身教。我们不妨来看一段李、夏二人的生活纪实。

有一年，夏丏尊邀请弘一法师到白马湖去小住。法师答应后，就带着行李去了。行李十分简陋，铺盖是用一条粉破的席子包着的，几件衣服卷起来，就是枕头。

安顿好住所后，法师拿着一条既黑又破烂不堪的手巾到湖边去洗脸。

夏丏尊见了，心中真是不忍，就说："这手巾太破了，我替你换一条好吗？"

"哪里！还好用的，和新的也差不多。"法师把那条破手巾珍重地张开给他看。

---

① 《丰子恺著译书目》，《丰子恺文集》，第七卷，第850—863页。

第二天，夏丏尊给法师送去午饭。菜是两碗素菜，都是萝卜、白菜之类。但在法师的眼里，这都是为他慎重而做的盛馔。他小心喜悦地把饭划入口里，郑重地用筷子夹起一块块的萝卜。

有一次，一位朋友送来的菜太咸了，夏丏尊就说了一句："太咸了！"

法师却照旧吃得津津有味，说："好的！咸也有咸的滋味，也好的！"

在法师的眼里，生活中的一切都是好的，都是值得珍惜的。粉破的席子、破旧的手巾、咸苦的蔬菜，等等，什么都是那么的有滋有味、值得品味，什么都是那么的真实可爱、令人愉悦。夏丏尊为此发出了由衷的钦佩：

> 这是何等的风光啊！宗教上的话且不说，琐屑的日常生活到此境界，不是所谓生活的艺术化了吗？人家说他在受苦，我却要说他是享乐……艺术的生活，原是观照享乐的生活。在这一点上，艺术和宗教实有同一的归趋。凡为实利或成见所束缚，不能把日常生活咀嚼玩味的，那是与艺术无缘的人们。真的艺术，不限在诗里，也不限在画里，到处都有，随时可得。把他捕捉了用文字表现的是诗人，用形及色彩表现的是画家。不会做诗，不会作画，也不要紧，只要对于日常生活有观照玩味的能力，无论谁何，都有权去享受艺术之神的恩宠。否则虽自号为诗人画家，仍是俗物。①

这种观照、玩味生活的态度，绝非常人所能理解；弘一法师的境界，更非常人所能企及。法师的昔日，从繁华的生活中走过，真正富裕的生活涵养了他从容裕如的人生底蕴，使他既能在富贵的生活中如鱼得水，又能在僧人的苦行中安贫乐道。其实不论富贵清贫，只要是真实的生活，就都会有真实的滋味，都可以从中体会、享受到真实的快乐。可惜的是，大多数世人往往都只热衷于俗世浮华的孜孜以求，又往往在这孜孜以求中，失却了对生活的真实的内心体念，误入功名利禄的幻影而迷失本性。生的愉悦与快乐便也因之而与他们无缘，剩下的只是失意的抑郁或者暴发户式的丑陋与浅薄。

---

① 夏丏尊：《弘一法师的出家生活》，见《漫忆李叔同》，第38页。

丰子恺不仅自己艺术地生活于琐屑的日常生活中，更关心着社会大众艺术生活情趣和品味的普及与提高，视之为自己义不容辞的职责。

1936年11月，丰子恺重新制订了他画作的润例。第一项为："册页或扇面四元。"而在当时的书画界中，画价定为数十元乃至数百元的，大有人在。丰子恺对此十分不以为然，甚至指斥这些人"如此敛财，罪大恶极，岂艺术界所能容"。

在丰子恺自己的艺术世界里，他一直坚持认为："贱卖艺术品为今日画家之义务。"

为什么呢？

> 盖艺术品犹米麦医药，米麦贱卖可使大众皆得疗饥，医药贱卖可使大众皆得疗疾，艺术品贱卖亦可使大众皆得欣赏。米麦与医药决不因贱卖而失却其营养与治疗之效能，艺术品亦决不因贱卖而降低其艺术的价值。盖"艺术的价值"与"艺术品价值"原是两件事也。[①]

画作之外，丰子恺撰写的大量艺术评论和欣赏的著作论文，以及多篇脍炙人口的散文随笔，贯穿其中的一个重要的创作意图，就是对"曲高和众"这个艺术观念的实践。他一直认为："艺术不是孤独的，必须与人生相关联。美不是形式的，必须与真善相鼎立。"[②]"艺术短，人生长。"

在大师级的经典作品与老百姓的欣赏趣味之间，做一座沟通的桥梁，用历代积累而成的高尚、优美的人类文明、智慧和情感的结晶，去滋润大众的心灵，由此提高整个社会的文明程度和审美情趣，这是丰子恺毕生从事的事业，也是他事业获取成功的独特缘由之所在。

丰子恺在缘缘堂这个自筑的理想国里自由地生活，身心交融。领悟生活，他建构了自己独特的生活艺术；文思泉涌，他以艺术作为自己的生存方式，为

---

① 1936年11月16日致谢颂羔信，《丰子恺文集》，第七卷，第187页。

② 1939年2月28日《教师日记》，《丰子恺文集》，第七卷，第97页。

社会为大众奉献甘美的艺术品。已然走出了无常的火宅的丰子恺，对人生的根本虽然仍是无法释怀，但是他的追寻，却已有了不同于以往的丰富内涵和境界。思想日臻深广成熟，心境渐趋明朗平和，丰子恺专心地栖止于艺术之林，从容地漫步于艺术人生之途。

第六章　离乱岁月

千里故乡，六年华屋，匆匆一别俱休。黄发垂髫，飘零常在中流。渌江风物春来好，有垂杨时拂行舟。惹离愁，碧水青山，错认杭州。　而今虽报空前捷，只江南佳丽，已变荒丘。春到西湖，应闻鬼哭啾啾。河山自有重光日，奈离魂欲返无由。恨悠悠，誓扫匈奴，雪此怨仇。

——丰子恺

离乡：走出缘缘堂

赋闲家居的丰子恺，喜欢用音乐来比况一天的生活情调：

如果把一天的生活当做一个乐曲，其经过就像乐章（movement）的移行了。一天的早晨，晴雨如何？冷暖如何？人事的情形如何？犹之第一乐章的开始，先已奏出全曲的根柢的“主题”（theme）。一天的生活，例如事务的纷忙，意外的发生，祸福的临门，犹如曲中的长音阶（大音阶）变为短音阶（小音阶）的，C调变为F调，adagio（柔板）变为allegro（快板）。[①]

① 《闲居》，《丰子恺文集》，第五卷，第119页。

1937年11月6日这一天的“乐曲”，其主题的变奏、音阶的变化乃至调式的转换，绝非丰子恺这位音乐行家所能把握。就在这一天，石门湾被宣判“死刑”。

那天早上，丰子恺全家早晨起来，并不觉有何异样，照例各居其所，各司其职。丰子恺坐在书斋里画一册《漫画日本侵华史》，这是根据蒋坚忍所著《日本帝国主义侵略中国史》而作的。“八一三”事变后，丰子恺便有了这个计划。他想以《护生画集》那样的形式，把每个事件绘成一页图画，旁边加以简单的说明，以使图文对照，让文盲也能看懂。然后仍照《护生画集》之法，以成本贱卖，使小学生也能购买。此时正在起稿，尚未完成。也是在“八一三”后，丰子恺取消了杭州的“行宫”，把里面的书籍器具都用船载回缘缘堂。原本在杭各中学读书的陈宝、林先、宁馨（即软软）、华瞻也都回到家中自修，此时正是用功的时候。元草和一吟，则一早就上学去了。徐力民的母亲此时也在丰家，她与力民、丰满一起忙忙碌碌地操持着家务。缘缘堂中一派安宁和美的景象，丰子恺的那册“大账簿”，并没有向他显示这一天乐曲的主题，将会有如何的变奏。

整个上午，缘缘堂中楼上楼下的几百块窗玻璃一连数次地同时震动，发出远钟似的声音。当时他们都不清楚是怎么回事。其实，这正是崇德县城被日机轰炸的波及。

吃午饭时，就有飞机低低地飞过。丰子恺看出这是一架日本侦察机，联想到上午的震响，心知不妙。但他只希冀着它是来侦察有无军队设防的，倘如发现没有军队驻扎，只有些百姓如同春天看纸鸢、秋天看月亮一样地对它仰头观赏，就不会来投炸弹了。

然而，善良的愿望终究落空。下午2时起，石门镇遭到两个小时的狂轰滥炸，当场炸死三十余人，受伤者无数。丰子恺和家人躲在桌子底下，两个在校读书的孩子也平安地逃回家来，总算无一伤亡，逃过一劫。此时大家方才明白，原来敌机正是要选择不设防的城市来轰炸，可以放心地杀人，多多地杀人。

丰子恺的妹夫蒋茂春听到轰炸声，立刻同他的弟弟继春摇船来到缘缘堂，邀请他们迁居乡下避难。于是一家人收拾衣服，傍晚即匆匆辞别缘缘堂，登舟入乡。船行河中，只见石门镇上家家闭户，处处锁门。河中船行如织，都是赶往乡下逃难去的，繁华热闹的石门湾顿成死市。

舟抵南沈浜，忠厚的妹夫一家一味殷勤招待，妹妹雪雪更像“嫁比邻”一样欢喜。虽是自己的妹家，但穷无所归，连夜投奔，还是令丰子恺感到十分愧疚。他们全家借住在蒋氏族人蒋金康新建的楼屋中，席地而卧。日间的浩劫和连日的情景，此时均历历在目，回忆清晰。

其实，自“八一三”之后，时局一天紧似一天，这是丰子恺和石门湾的人都知道的事实。他在汉口和四川的朋友都写信给他说，战事必将扩大，浙江绝非安全之地，劝他早日率眷到大后方去。但是丰子恺却心存侥幸，镇上的人谈起时局来也都认为像石门这样远离铁路、公路的小镇，总是安全的。

现在回想起来，才知当时真是太不识时务了。事至今日，不想逃难，也定当逃难了。因为对于十分看重精神生活的丰子恺来说，“千百年来称为繁华富庶，文雅风流的江南佳丽之地，充满了硫磺气，炸药气，厉气和杀气，书卷气与艺术香早已隐去。我们缺乏精神的空气，不能再在这里生存了”[①]。

然而走出缘缘堂，面对茫茫人世，到哪里去寻找躯壳的寄身之所、灵魂的栖止之地呢?

丰子恺原有回浙江金华汤溪丰氏老家的打算。他在东京游学时，遇到汤溪的族兄丰惠恩，相与考查族谱，方始确知石门这支丰氏，是明末清初时由汤溪迁来的。汤溪才是丰氏家族的祖地，那里有丰姓数百家，自成一村，业农为生。从此，这汤溪便成了丰子恺想象之中的桃花源。

然而汤溪当然不是桃花源，浪漫的向往岂能成为美好的现实?丰子恺总算还能明白：贸然投奔丰村，能被父老轻易接受吗?即使能够住下，那里也果然就是他所想象的桃花源，但这一大群四体不勤、五谷不分的城里人，又如何在这自耕自给的乡野农田里长居?

仍旧无处可去，而炮火正日益逼近。就在此时，接到了马一浮的来信。信中马先生告诉他，自己已从杭州迁往桐庐。随信还另附了马一浮的近作《将避

---

① 《桐庐负暄》，《丰子恺文集》，第六卷，第1页。

兵桐庐留别杭州诸友》五言古诗一首。

> 这封信和这首诗带来了一种芬芳之气，散布在将死的石门湾市空，把硫磺气，炸药气，厉气，杀气都消解了。数月来不得呼吸精神的空气而窒息待毙的我，至此方得抽一口大气。我决定向空气新鲜的地方走。于是决定先赴杭州，再走桐庐。[①]

对此决定，丰子恺1939年曾写七绝一首记之，诗云：

> 江南春尽日西斜，血雨腥风卷落花。
> 我有馨香携满袖，将求麟凤向天涯。

诗中的“麟凤”，即指马一浮。正是马一浮无穷大的感召力，将丰子恺带出缘缘堂，使他走出石门湾，走向了炮火连天、苦难深重的真实人间。

流亡：1938年的愤怒

1937年11月21日下午，丰子恺全家十人（丰子恺夫妇、丰满及六个子女，外加岳母）、族弟平玉、店友章桂共十二人，乘船离开石门湾，向十里外的悦鸿村进发。船是平玉的表亲周丙潮的，他家住在悦鸿村，与丰子恺也有连带的亲戚关系。他与妻子三人，此次将随丰子恺一起离乡去流亡。此时丙潮先用船将他们载到自己家中，以便第二日早上一起坐船经杭州而至桐庐。

船到悦鸿村，他们走进丙潮家里去休息。

这是一所窗明几净的楼房，房外有高高的粉墙，房内是融融的人家。和平年代里，这是一处饱食暖衣、养生丧死的平静乡村，住着一群安居乐业、与世无争的善良乡民。

---

① 《桐庐负暄》，《丰子恺文集》，第六卷，第2页。

但是现在，村上也早已闻到风声鹤唳。常有邻人愁容满面，两眼带着贼相，偷偷地走进来，对屋里的人轻轻地讲几句话，屋里的人也就愁容满面，两眼带了贼相。炮火的逼迫，已使得全村的房屋田地都动摇起来。我似乎看见，这主人家的那一副三眼大灶头，根柢已经松动，在那里浮荡起来了。主人有两房儿媳，均已抱孙。丙潮是次房，有一子方三岁。全家一向融融泄泄地同居在这村屋中。现在主人将把次房儿孙交付给我，同到天涯去飘泊，是出于万不得已吧。他的意思是：大难将临，人命不测。而不孝有三，无后为大。故把两房儿孙分居两处，好比把一笔款子分存两个银行。即使有变，总不会两个银行同时坍倒。我初闻此言，略起异感；这异感立刻变成严肃与悲哀。这行为富有悲壮之美！为了保存种族，不惜自己留守危境，让儿孙退到安全地带去。这便是把一族当做一体看，便是牺牲个体以保存全体。能推广此心，及于国家、民族，和人类，则世界大同也是容易实现的。我极愿替他带丙潮一房出去，同他们共安危。①

走在流亡之途上的丰子恺，此时并无一己的自怜，有的只是对乡民的同情和民族自救的悲壮情怀。他坐在逃难船中时，曾看见河岸上的小茶店门口，老同学吴胜林与沈云（后来病死在失地里）正在喝茶，脸上没有半点笑容。他很想拉他们下船，和他们一同脱离这苦海。然而事实上这是不可能的，因为他们都有父母妻子，祖祖辈辈的相沿相承，已把他们生活的根，深深地扎进了这块土地。丰子恺知道，石门镇上的人，像他们这样扎根在本地生活的占大多数，而像自己这样糊口四方、说走就能走的毕竟是少数。“听天由命”是他们祖传的信念，“逃不动，只得不逃！”“逃出去，也是饿死！”则是他们自慰的理由。

我每次设身处地的想象炮火迫近时的他们的情境，必定打几个寒噤。

① 《桐庐负暄》，《丰子恺文集》，第六卷，第4页。

我有十万斛的同情寄与沦落在战地里的人！①

我恨不得有一只大船，尽载了石门湾及世间一切众生，到永远太平的地方。②

21日夜半时分，大家起身下船。大小十五人，行李七八件，这个丰子恺所称的“流亡团体”，至此开始了他们行程万里的流亡生活。

24日晚10时半左右，他们在经历了一路的死气沉沉、难关重重后，终于安抵桐庐。但是当地旅馆都已住满，无奈之中，丰子恺敲开了马一浮居住的迎薰坊。在马一浮的邀请下，一船人就都在马家投宿暂住了。

丰子恺不忍长在马府打扰，又知马一浮已决定迁居离城20里的阳山坂汤庄，便起意要在阳山坂附近找房子，以追随马先生之左右。不久便在阳山坂附近的河头上找到了新巢。12月28日，他们全体辞别马先生，借乘了马先生运书的船，先行入乡，下午便到了租住的盛家。

丰子恺此时满心满眼都是将跟马先生比邻而居的欢喜，一到以后，当即往四处察看。马先生租住的那个汤庄，首先便在他的遥望之中。那里距此不到一里，有大片的竹林，遥望形似三潭印月。竹林中隐藏着的精舍，便是汤庄。

不久，马一浮迁居到了汤庄，他的门人王星贤全家一同前来，丰子恺十分欢喜。

丰子恺对马一浮，始终怀有发自内心的深深的崇敬，这种崇敬甚至到了奉若神明的程度。战前他在杭州的别寓里做寓公时，就是马一浮的近邻。那时他却很少到马先生家去访谈，要去也只选择阴雨的天气。因为他怕晴天去访，会惊扰先生的研究、诗兴和游兴，自觉没有这样越礼的权利。他每次访问马先生的感受，都似乎是吸了一次新鲜空气，可以让他有数天的清醒与健康。而数天之后，又为环境中的恶浊空气所围，萎靡不振起来。

① 《桐庐负暄》，《丰子恺文集》，第六卷，第3页。

② 《辞缘缘堂》，《丰子恺文集》，第六卷，第140页。

“八一三”之后，丰子恺告别了杭州的别寓，回到石门，便不曾再吸过这种新鲜空气了。

现在好了，先生和他所居相距不过一里。时局不定，为了互通消息及慰问，他去汤庄访谈，似乎不是惊扰而反是尽礼，不是权利而反是义务了。于是至多隔一两天，丰子恺必定去访问一次。这种被丰子恺称为冬日负暄[①]的访谈令他获益良多。因为在他看来，无论什么问题，关于世间或出世间的，马先生都有最高远最源本的见解。

这样的冬日负暄，带给丰子恺无限的快乐。他在事后感慨地回味道：

> “逃难”把重门深院统统打开，使深居简出的人统统出门。这好比是一个盛大的展览会。平日不易见到的杰作，这时候都出品。有时这些杰作竟会同你自己的拙作并列在一块。我在桐庐避难，而得常亲马先生的教益，便是一个适例。[②]

他真希望春天永远不来，而能长得负暄之乐。然而，“春果然不来，而炮火逼近来了”。中央军与日军在石门激战数日，四进四出之后，终于放弃了石门。日寇便向杭州进犯，桐庐绝不再是可留之地。丰子恺便与家人计议：“故园既已成为焦土，我们留在这里受惊毫无意义，决定流徙于远方。”他去劝马先生同行。马一浮虽是孑然一身，却有亲戚、僮仆相从，十余人同走行路困难，而他又不愿独善其身，因此不拟作远行之计。丰子恺只好率领自家的难民队伍独行。

12月21日，丰家“流亡团体”清晨即起，打点下船。这一走，便是万重河山的跋涉、几度春秋的飘零。他们先后经兰溪、衢州、常山、上饶、南昌、萍乡，3月12日，到达长沙。

途中的2月9日傍晚，章桂从萍乡城里拿信回来，带来一个令大家伤心的消息：

---

① 负暄：即晒太阳之意。

② 《桐庐负暄》，《丰子恺文集》，第六卷，第26页。

“新房子烧掉了！”章桂严肃地说。

闻听此言，家中一片痛苦和愤怒的声讨之声，唯有丰子恺默默不语。

丙潮见此以为他正在伤心，便从旁好言宽慰。其实丰子恺却是别有一番滋味在心头。他将这一切都记入了《还我缘缘堂》一文：

> 我离家后一日在途中闻知石门湾失守，早把缘缘堂置之度外，随后陆续听到这地方四得四失，便想象它已变成一片焦土，正怀念着许多亲戚朋友的安危存亡，更无余暇去怜惜自己的房屋了。况且，沿途看报某处阵亡数千人，某处被敌虐杀数百人，像我们全家逃出战区，比较起他们来已是万幸，身外之物又何足惜！我虽老弱，但只要不转乎沟壑，还可凭五寸不烂之笔来对抗暴敌，我的前途尚有希望，我决不为房屋被焚而伤心，不但如此，房屋被焚了，在我反觉轻快，此犹破釜沉舟，断绝后路，才能一心向前，勇猛精进。[①]

到汉口后的丰子恺，精神面貌、处世待人、画风文风乃至穿着打扮都霍然大变，大有令人刮目相看之势。他自己也说，一到汉口，仿佛酣睡了两三个月后重醒了。民气的旺盛使他明显地意识到自己是一个中华国民，也想拿五寸不烂之笔来参加抗战了。

走出了缘缘堂、翻越了万水千山的丰子恺，于局势、社会、生活和民间的万众百姓，都有了真实切近的接触和了解，这给他的精神面貌和处世态度带来巨大的转变。昔年立达学园那个连邻居的房门都不会轻易去敲的丰子恺，现在就连不相识的携了巨款在国外悠闲度日的中国资本家，都成了他呼吁抗战的对象：“赶快多拿出些钱来救国！”1932年闲居在家的丰子恺，“对于展开在窗际的‘一·二八’战争的炮火的痕迹，不能兴起‘抗日救国’的愤慨，而独仰望天际散布的秋云，甜蜜地联想到松江的胡桃云片。也想把胡桃云片隐藏在心里，

① 《还我缘缘堂》，《丰子恺文集》，第六卷，第53、54页。

而在嘴上说抗日救国。但虚伪还不如惭愧些吧”①。现在，切身的毁家流离之痛、大片的国土沦陷之恨，都使得对日本侵略者的愤慨和救国的急切，成为他最最强烈的情感，并使他发出深深的自责：“我悔不早点站起来！”

抗战激发出丰子恺极大的爱国热情。1938年里，他写了大量反映抗战内容的随笔。在1938年7月由汉口大路书店出版的《漫文漫画》集里，我们看到缘缘堂里那个平和超脱的丰子恺，终于发出了义愤填膺、慷慨激昂的呼喊，文风画风均随之而大变。在文中，他谴责日本侵略者的暴行，嘲讽他们搬起石头砸自己脚的愚蠢；他歌颂抗战的士兵，唾弃卖国的汉奸；他同情深受战争之苦的民众，呼吁他们为抗日而战；他厌恶战争贩子的恶行，欢迎和平之神的到来。《我悔不早点站起来》《传单是炸弹的种子》《全面抗战》《志士与汉奸》《开出一条平正的大路来》《漫画是笔杆抗战的先锋》《我们四百人》（歌词）等，仅从这些篇名，就已经可以使我们感受到丰子恺不同往昔的面貌。我们且从中摘录数语如下：

> 况且这百万传单，是百万枚重磅炸弹的种子呢！这些种子现已莳在日本人民的心中。将来发芽生长，变成炸弹，可以炸毁日本军阀的命根。
>
> 而且这些种子又会繁衍起来，散播在全世界一切被压迫的人民的心中，再发芽生长，再变成炸弹，炸毁全世界一切扰乱和平的魔鬼的命根。②

> 只要捉住了敌人的一部分，慢慢推进，自会压碎敌人的全体。现在已经捉住了敌人的脚。他的上半身还活着。大肆咆哮，似乎很成势的样子。其实这已是救命的喊声了。因为“抗战”慢慢地推进，总有一天压碎他的全身，压得他同地一样平。③

> 全面抗战！农工兵学商一齐起来，把暴敌歼灭。好比五根手指一齐捏

---

① 《胡桃云片》，《丰子恺文集》，第五卷，第197页。
② 《传单是炸弹的种子》，《丰子恺文集》，第五卷，第677页。
③ 《开出一条平正的大路来》，《丰子恺文集》，第五卷，第678页。

紧来，把害虫捏死。[①]

激烈的文字，强硬的语气，高昂的情绪，汇聚成一股股爱国的热情和愤怒的抗争，充溢于丰子恺1938年的创作中。

家国仇，民族恨，燃烧在1938年的笔端，也跃动于1938年的行迹中。3月27日，中华全国文艺界抗敌协会于汉口成立，选出郭沫若、茅盾、许地山、巴金、朱自清、郑振铎等45人为理事，周恩来为名誉理事。4月，该协会筹备出版会刊《抗战文艺》，成立了编委会。多年以来一直赋闲在家的丰子恺，成为三个编辑委员之一。该刊于5月4日创刊，丰子恺为封面题签，并在以后的几期中发表了多幅抗日漫画。

在汉口时，丰子恺为了抗战宣传工作的方便，脱下长袍，改穿中山装，一下子年轻了不少，友人们都戏称他是“返老还童”了。有人跟他开玩笑说：“如果剃去长须，完全可以冒充年轻人了！”当时上海有多家报纸都登载消息称“丰子恺割须抗战”，其实只是误传而已。

汉口两个月的作为，如火如荼，丰子恺的爱国情怀和热情，得到了最为集中的表达。可是，随着江西九江的失守，武汉顿时陷入危地，开始疏散人口。丰子恺带着两个女儿回到长沙，又开始与家人计议流亡之路。恰在此时，广西桂林师范的校长唐现之来信，聘请丰子恺去该校任教。丰子恺一是十分欣赏该校“艺术兴学、礼学治学”的宗旨，在给夏丏尊的信中称其有立达之风；二是桂林山水甲天下，虽然闻名已久，却总是耳听为虚，也想借机眼见为实；三是桂林较长沙安全，且广西素有“模范省”之称，于是决定应聘前往。

仁者之术：护生即护心

5月间，桂林教育局曾来函，聘请丰子恺到桂林去给广西全省中学艺术教师暑假训练班的学员讲课。因此，必须在放暑假前就赴桂林。6月23日，丰子

① 《全面抗战》，《丰子恺文集》，第五卷，第680页。

恺率全家于早上8时出发，次日下午3时抵达桂林。

桂林开明书店的经理陆联棠，替丰子恺在马皇背租了三间平房，又替他定制了一些竹器家具，全家人就住了下来。半年多来漂泊不定、居无定所的流亡生活，自此终于有了改观。

在艺术教育暑期训练班上，丰子恺开了一些艺术讲座。这些内容后来写成了《桂林艺术讲话之一》《桂林艺术讲话之二》《桂林艺术讲话之三》和《艺术必能建国》。这些文章和写于这时期前后的其他数文，成为阐述他艺术观的重要文章。“艺术以仁为本”“护生就是护心”“艺术必能建国”都是其中最能反映丰子恺思想的观点。

“艺术以仁为本”的思想，来源于孟子的“仁者无敌”，而丰子恺的特色，在于从美术的角度加以论证。他在论述时，以静物写生或风景描绘为例，指出画家对于它们的看法要与平常不同，应该都把它们当作活的事物看待，想象它们都是与画家自己一样有生命有感情的人。因此在布置画面时，就需煞费苦心：布置苹果时，“必须当它们是三个好友晤谈一室中，大家相对，没有一人向隅；大家集中，没有一人离心。这样，才是安定妥帖的布置，才能作成美满的画”；布置一把茶壶与两只茶杯时，“想象茶壶是一位坐着的母亲，两只茶杯是母亲膝下的两小儿。两小儿挤得太近了，怕母亲不舒服；两小儿离得太远了，怕母亲不放心。必使恰好依依膝前，才是安定妥帖的景象，才能作成美满的画”。描写风景时，“也必把山水亭台当做活物看，才能作成美好的画”。

所有这一番番用心，在中国就叫作“经营置陈”“迁想妙得”，在西洋就叫作“构图”“拟人化”“感情移入”。就其实质，就是把世间一切现象都看作是与人同类平等的事物，将同情心推而及于一切被造物，体现的正是“万物一体”的世界观。因此艺术的同情心就特别丰富，艺术以仁为本。

艺术如此，那么艺术家以艺术为生活，就必须用处理艺术的态度来处理人生，用写生画的看法来观看世间。因此艺术家的博爱心就特别广大，艺术家必为仁者，艺术家必惜物护生。而艺术家的护生，就是仁者的护生。

仁者的护生，不是护物的本身，是护人自己的心。故仁者有“仁术”。

仁术就是不拘泥于事物，而知权变，能活用的办法。能活用护生，即能爱人。“恩足以及禽兽而功不至于百姓”的齐宣王，还是某种乡里吃素老太太之流，乃循流忘源，逐末忘本之徒。护生的本源，便是护心。[①]

护生就是护心的观点，体现了丰子恺儒释相通的思想。在他与弘一法师等人合作的《护生画集》中，画面、题词都是爱护生灵的内容。刊出以后，受到普遍欢迎，但也听到种种非难。有人说：护生是不可能真正做到的，因为如果用显微镜看，一滴水里就有无数的微生物。又有人说：照护生的说法，那么就连苍蝇都要供养了。供养苍蝇做什么呢？难道让它传染疾病吗？还有的人则怨丰子恺不替穷人喊救命，而为禽兽护生。丰子恺到汉口后，还听说他浙一师时的老同学曹聚仁也认为《护生画集》可以烧毁了。所有这些都使丰子恺觉得极有必要强调护生就是护心的观点：

他们都是但看皮毛，未加深思；因而拘泥小节，不知大体的。《护生画集》的序文中分明是说：“护生”就是“护心”。爱护生灵，劝戒残杀，可以涵养人心的“仁爱”，可以诱致世界的“和平”。故我们所爱护的，其实不是禽兽鱼虫的本身（小节），而是自己的心（大体）。换言之，救护禽兽鱼虫是手段，倡导仁爱和平是目的。再换言之，护生是“事”，护心是“理”。……故佛家戒杀，不为己杀的三净肉可食。儒家重仁，不闻其声亦忍食其肉，故君子远庖厨。吃三净肉和君子远庖厨，都是“掩耳盗铃”。掩耳盗铃就是“仁术”。无端有意踏杀一群蚂蚁，不可！不是爱惜几个蚂蚁，是恐怕残忍成性，将来会用飞机载了重磅炸弹而无端有意去轰炸无辜的平民！岂真爱惜几个蚂蚁哉，所以护生的掩耳盗铃，是无伤的。我希望读《护生画集》的人，须得体会上述的意旨，勿可但看皮毛，拘泥小节。

最后，丰子恺从艺术的思辨回到了现实：

① 《桂林艺术讲话之一》，《丰子恺文集》，第四卷，第16页。

“《护生画集》可以烧毁了！”这就是说现在“不要护生”的意思。换言之，就是说现在提倡“救国杀生”的意思。这思想，我期期以为不然。从皮毛上看，我们现在的确在鼓励“杀敌”。这么惨无人道的狗彘豺狼一般的侵略者，非“杀”不可。我们开出许多军队，带了许多军火，到前线去，为的是要“杀敌”。

但是，这件事不可但看皮毛，须得再深思一下：我们为什么要“杀敌”？因为敌不讲公道，侵略我国；违背人道，荼毒生灵，所以要“杀”。故我们是为公理而抗战，为正义而抗战，为人道而抗战，为和平而抗战。我们是“以杀止杀”，不是鼓励杀生，我们是为护生而抗战。[①]

说到曹聚仁，这里还有一段插曲。

曹聚仁与丰子恺既是同学，也是朋友。丰子恺全家逃难至浙江兰溪时，恰逢已然军装在身、握笔从戎，时任中央通讯社东南战区特派员的曹聚仁。他在旅客登记簿上看到“丰润”的名字，知是丰子恺来到，忙来相见。他对丰子恺因怕暴露身份而用“丰润”这个旧名的做法，表示反对。他劝丰子恺说，在这样一个非常时期，为了在途中能得到各方协助，顺利到达大后方，一定要把“丰子恺”三字打出去。丰子恺接受了他的建议后，他又帮着用急件印制了名片。这绝对是一个明智的建议，当时在兰溪就立即生效：在杭州因没有保人领不出来的银行存款，此时仅凭“丰子恺”三字就顺利取到了。[②]

曹聚仁作为当地人为尽地主之谊，在聚丰园设宴招待丰子恺及家人。席间，两人就形势、战局、家庭、儿女乃至艺术等，免不了有一番叙谈。曹聚仁认为：像他这样的单身军人要到长沙、汉口，尚且不易，何况丰子恺带了老幼十余人，一定不行的。因此劝他打消西行之念而与自己一起将家眷送到仙居去避寇。丰子恺感激他的好意，但最后还是决定继续西行。两人就此分手，各奔前程。

---

① 《一饭之恩》，《丰子恺文集》，第五卷，第655—657页。

② 章桂：《忆抗战期间的子恺叔》，见《写意丰子恺》，第203页。

岂料这一次的见面，竟成为两人绝交的缘由。生性豪爽、说话“毅然决然”（丰子恺语）的曹聚仁，言谈之中不拘小节，让温文细腻的丰子恺颇有不快之处；将艺术奉若神明的丰子恺对曹聚仁谈到艺术时的不屑之态更是反感；但最主要的原因，还在他们对《护生画集》的不同观点和态度上。为此，丰子恺便写了上述这些文字，题为《一饭之恩》。文章最后写道：

> 杜诗云：“天下尚未宁，健儿胜腐儒。”在目前，健儿的确胜于腐儒。有枪的能上前线去杀敌。穿军装的逃起难来比穿长衫的便宜。但“威天下，不以兵甲之利”。最后的胜利，不是健儿所能独得的！“仁者无敌”，请兄勿疑！
>
> 我曾在流难中，受聚仁兄一饭之恩。无以为报，于心终不忘。写这篇日记，聊作答谢云耳。[1]

丰子恺是真的生气了。然而曹聚仁又何尝不生气呢？他接着丰子恺，写了《一饭之?》《朋友与我》等文章，表明自己的态度：

> 后来，我从江西转到了桂林，那时，开明书店在那儿复业，宋云彬兄也把《中学生》复刊了。他邀我写稿，我就把旅途碰到了子恺兄的事，还说了他们沿途所见的日军残暴事迹，血淋淋的惨状，一一都记了下去，也说了子恺兄的愤恨之情。大概，我引申了他的话：“‘慈悲’这一种观念，对敌人是不该留存着了。”我的报告，相当生动，云彬兄颇为满意。那知，这一本《中学生》到了上海，子恺兄看了大为愤怒，说我歪曲了他的话，侮辱了佛家的菩萨性子。他写了一篇文章骂我，说悔不该吃我那顿晚饭。好似连朋友都不要做了。
>
> 过了好久，我才转折看到这一篇文章，也曾写了一篇《一饭之?》刊在上海社会日报上，他一定看到的。不过，我决定非由他向我正式道歉，我

① 《一饭之恩》，《丰子恺文集》，第五卷，第657、658页。

决不再承认他是我的朋友了。[①]

丰、曹二人对《护生画集》的不同态度是显而易见的，仁者见仁，智者见智，本也正常。只是两人会走到绝交的路上，其中却似乎有些误解的成分。

他们会面时的确切详情，我们并不尽知。从这些文章来看，曹聚仁认为：丰子恺是因为他引用了"'慈悲'这一种观念，对敌人是不该留存着了"这句话"侮辱了佛家的菩萨性子"而愤怒。但我们在《一饭之恩》中，却并没有看到这个意思。其实丰子恺在文章中，恰恰强调了"'慈悲'这一种观念，对敌人是不该留存着了"的观点，他说：

> 这么惨无人道的狗彘豺狼一般的侵略者，非"杀"不可。我们开出许多军队，带了许多军火，到前线去，为的是要"杀敌"。……因为敌不讲公道，侵略我国；违背人道，荼毒生灵，所以要"杀"。

非但不可再讲"慈悲"，而且"非'杀'不可"。因此，他又怎么会单单为了这句话而愤怒呢？宋云彬就不相信会是这样，所以他说："要是那句话得罪了子恺，我还会刊出来吗？"

丰子恺愤怒的是曹聚仁说的"《护生画集》可以烧毁了"这个观点。丰子恺的言"杀"主"战"，是为公理而抗战，为正义而抗战，为人道而抗战，为和平而抗战。是"以杀止杀"，终究还是为护生而抗战。因此与他一贯倡导坚持的佛家"护生"的菩萨性子非但不矛盾，还从看似对立的另一方面，对"护生"作了更为深刻的强调。所以当他听说曹聚仁讲"《护生画集》可以烧毁了"，也就是"不要护生"时，自然十分愤怒了。

所以，真正引起丰子恺愤怒的，并非曹聚仁文章中所记他们兰溪会面时的种种言谈，而是丰子恺在汉口时听人转述的曹聚仁"烧毁画集"的那个观点。兰溪会晤时的叙谈，固然有让丰子恺不快之处，但至多也只是不快而已，是绝

---

① 曹聚仁：《朋友与我》，见《我与我的世界：曹聚仁回忆录》，北岳文艺出版社2001年版，第592页。

不至于怒形于文而弄到绝交的地步的。[1]

“艺术必能建国”的思想，则出于孔孟关于“礼”的儒家学说。当年辜鸿铭英译《论语》时，将“礼之用，和为贵”一句中的“礼”字译作了“arts（艺术）”。丰子恺说：“可见他的见解：艺术就是礼。”而丰子恺对艺术就是礼的进一步理解是：

> 道德与艺术异途同归。所差异者，道德出于意志，艺术出于感情。故“立意”做合乎天理的事，便是“道德”。“情愿”做合乎天理的事，便是“艺术”。有子曰：“礼之用，和为贵。”先贤注释曰：“礼之为体虽严，然皆出于自然，故其为用必从容不迫，乃为可贵。”出于自然，从容不迫，便是“情愿”做，便是艺术的条件。故礼便是艺术。

因为艺术是人们出于自愿而心甘情愿去做的事情，因此它就能自然地克制人的物质欲望，完善人的精神生活。对于物质与精神生活的价值取向，孟子曾有一段非常著名的论述：“鱼，我所欲也；熊掌，亦我所欲也。二者不可得兼，舍鱼而取熊掌者也。生，亦我所欲也；义，亦我所欲也。二者不可得兼，舍生而取义者也。”可见精神生活有时比物质生活更为重要。丰子恺据此得出一个重要的结论，那就是：

> 我们现在抗战建国，最重要的事是精诚团结。四万万五千万人大家重精神生活而轻物质生活，大家能克制私欲而保持天理，大家好礼，换言之，大家有艺术，则抗战必胜，建国必成。所以我敢说：“艺术必能建国。”[2]

丰子恺的这些观点，既产生于孔孟之学，也直接地来源于当代大儒马一浮的影响。桐庐负暄时，丰子恺曾从王星贤的记录中抄录过一段马先生的谈话：

---

① 关于丰、曹二人之争，详见丰子恺《一饭之恩》《决心》《未来的国民——新枚》等文，《丰子恺文集》，第四、五、六卷；曹聚仁《一饭之?》《朋友与我》等文，见《我与我的世界：曹聚仁回忆录》。

② 以上引文见《艺术必能建国》，《丰子恺文集》，第四卷，第32、33页。

> 十二月七日丰君子恺来谒，先生语之曰：辜鸿铭译礼为arts（艺术），用字颇好。arts所包者广。忆足下论艺术之文，有所谓多样的统一者。善会此义，可以悟得礼乐。……善会此义而用之于艺术，亦便是最高艺术。[①]

丰子恺在儒学上的造诣虽不能与马先生的宏富广博相比，却十分认真地照着马先生的指教去领悟实行，最后走出了一条儒释相通的颇具个性特色的思想轨迹。

“因祸得福”

1938年7月19日，丰子恺在与姑母的孙子徐一帆的通信中写道：

> 仆等于去年十一月二十一日去乡……途中惟去冬备受风霜之苦，萍乡以后皆旅行，非逃难矣。……桂林山水甲天下，环城风景绝胜，为战争所迫，得率全家遨游名山大川，亦可谓因祸得福……[②]

信中的“因祸得福”之说，倒也并不完全是出于无奈的调侃之言，实在也有几分丰子恺的真实感受。几乎从战争开始以至结束，无论是个人遭遇的切实体验，还是国家民族的兴亡之叹，因祸得福，都是丰子恺思想中的一个主要基调。

最初离开缘缘堂而至南沈浜妹家时，虽是仓皇弃家、夤夜投奔的流亡，丰子恺的感受却是“虽离故居，但有许多平时不易叙首的朋友亲戚得以相聚，不可谓非‘因祸得福’”[③]。

1939年夏，丰子恺应邀赴时在贵州宜山的浙江大学任教。他带着全家老少

---

① 《桐庐负暄》，《丰子恺文集》，第六卷，第28、29页。

② 《致徐一帆》，《丰子恺文集》，第七卷，第365页。

③ 《辞缘缘堂》，《丰子恺文集》，第六卷，第136页。

坐着校车刚到宜山，尚未进得城去，便遇到了敌机空袭的紧急警报。只得原车返回数里，在荒郊的大树之下暂行躲避。此时，他们一行从桂林长途迁徙至此，已历时三天，上有七十余岁的老岳母，下有不足六个月的小婴儿，又拖着十余件行李，无不困顿疲惫、饥肠辘辘。照常人的常例想来，他们此时心中的焦虑、情绪的烦躁自是不言而喻的了。

然而，我们显然是想错了。且看丰子恺叙述给我们的，是怎样的一番光景：

> 时已过午，大家饥肠辘辘。幸有粽子一篮，聊可充饥。记得这时候正是清明时节。我们虽是路上行人，也照故乡习惯，裹清明粽子带着走。

这已然是江南人崇尚精致生活的天性流露了，然而更有甚者。且看下文：

> 这时候老幼十人，连司机及几位搭客，都吃着粽子，坐着闲谈。日丽风和，天朗气清。倘能忘记了在宜山“逃警报”，而当做在西湖上picnic（野餐）看，我们这下午真是幸福！从两岁的到七十岁的，全家动员，出门游春，还邀了几位朋友参加。真是何等的豪爽之举，风雅之事！唉，人生此世，有时原只得作如是观。①

如果说，个人流亡的“因祸得福”还有几分无奈的话，那么我们的祖国和民族在日本入侵之中“因祸得福”，在丰子恺则是十分肯定的答案。

1940年6月25日，离作为日军全面侵华战争开始的“七七”卢沟桥事变，已近三周年。丰子恺在这一天，将他在这三年抗战中的所见所闻所感，写成《“七七”三周随感》一文。文章的中心意思是：正是敌人的入侵，使得我国人民“一年干练一年”“一年团结一年”，全国形势步步好转，“使人惊喜”。

然而，丰子恺这种“因祸得福”的观点，却并不是人人都能接受的。

徐一帆将此信交给《文汇报》，于8月9日发表。同时发表的还有叶圣陶的

---

①《宜山遇炸记》，《丰子恺文集》，第五卷，第711页。

诗《不惜令随焦土焦》。不料发表之后，就遭到了非难，引起一场风波。

8月16日的《华美晨报》上，发表了一篇署名若霖的题为《关于“因祸得福”》的文章，批评了叶圣陶的诗句“摘鲜饱啖红樱桃”和丰子恺的“因祸得福”论，认为他们在此抗战时期，一个饱尝樱桃之鲜美，一个畅游桂林之山水，未免太过消闲，“忘了千万同胞的血腥气”。针对此论，当时负责《文汇报》“世纪风”副刊工作的著名作家柯灵，即于8月19日发表《拭去无知的唾沫》，予以反驳。

8月27日，若霖又以《不必“诡辩”“武断”》为题，在《华美晨报》上撰文提出反驳，并在文中进而指责“近年来这两位先生在文学领域中仿佛不十分积极似的”。柯灵于是又在9月2日的《文汇报》发表《拭沫之余》，进一步加以驳斥：“国难当头，逃难逃到桂林，也只好闭起眼睛，不看风景，以示忧愤；倘使不免一看，而且看得怡悦，那就连一切抗战的行动和作品，都给抹杀。”9月28日，柯灵又写了一篇《抗战中的丰子恺先生》，引用丰子恺《告缘缘堂在天之灵》《劳者自歌》《我们四百兆人》等文中之语，结论是丰子恺“本来不是革命家，但战后呢，由我看来，却是很‘积极’的了。虽然不免老朽，不曾上前线杀敌，但已经是一位民族统一战线中的可敬的战士。他勇敢，坚决，乐观，和一切的战斗者一样。作为证据的，是他这一年来的行动与言论”。

丰子恺感激柯灵的辩护，但对这件事本身，却并不十分在意。他对柯灵说：“圣陶实受无妄之灾，弟则自念缺德必多，故有以招致讥毁。惟有自反而已，不为怨天尤人之语也。”①

其实，不论是若霖，还是柯灵，在当时对丰子恺的理解，都还局限在一个较浅的层面。其实，对人事、对世情，丰子恺都有他自己的内心尺度。1938年12月12日，丰子恺在流离中给夏丏尊写信，说：

> 流离之初，亦曾引为苦事；连日叫苦，而苦终不去，反因忧能伤人而元气颓丧。于是心机一变，逆来顺受，尽人力以听天命。不作其他远虑，

① 《丰子恺文集》，第七卷，第371页。

一年来尚能自得其乐，而身体因此转健也。①

这就是丰子恺！如果我们每个人都能这样看待生活、面对人生，那么人间必定就是幸福的乐土了。然而这又谈何容易。丰子恺固然悟达而又超脱，但是喧闹嘈杂的万丈红尘，又岂是仅凭达观超脱的人为修炼就能笑傲自如的？达观而超脱地面对红尘世界的丰子恺，早年生活铺垫的多彩底色和永不泯灭的童心，才是他真正的内心法宝。祖母的及时行乐、父亲的逆来顺受、母亲的柔韧坚定，都是他性格中的要素。而从不消泯的童心，更是常人难有的心态。因此他的人生意趣，就不是常人所能轻易体味的了。

从桂林到遵义

暑期训练班结束后，丰子恺即赴桂林师范任教。

桂林师范的校舍在离桂林70华里的两江圩上，离城甚远。而此时徐力民又即将临产，不能住在偏僻的乡间，只能由陈宝、一吟相伴留住桂林城中马皇背。丰子恺托友人在离两江圩5华里的小村泮塘岭，租了房子，以便两边照顾。

徐力民多年不育，却在流亡中怀了孕，于1938年10月24日生下一子。本来一向以子女太多而感烦恼、自称得了“子烦病”的丰子恺，这时却是十分高兴。他取“大树被斩伐，生机并不绝。春来怒抽条，气象何蓬勃”之诗义，给孩子取名“新枚”。又特意写下《未来的国民——新枚》一文，表明自己由衷的欣喜之情：

大肚皮逃难，在流亡中生儿子，人皆以为不幸，我却引为欢庆。我以为这不过麻烦一点而已。当此神圣抗战的时候，倘使产母从这生气蓬勃的环境中受了胎教，生下来的孩子一定是个好国民，可为未来新中国的力强的基础分子。……十年不育，忽然怀胎，事情有点希奇。一定是这回的抗

① 《丰子恺文集》，第七卷，第369页。

战中，黄帝子孙壮烈牺牲者太多；但天意不亡中国，故教老妻也来怀孕，为复兴新中国增添国民。[①]

自10月武汉沦陷、长沙自焚以来，知识界人士逐渐云集到桂林，使这个萧条的城市一下子热闹起来，与重庆、昆明成为鼎足西南后方的三大城市之一，被冠以“文化城”的名称。丰子恺在桂林期间见到了马一浮、傅彬然、王星贤、胡愈之、宋云彬、王鲁彦、贾祖璋、巴金、王西彦等许多新朋旧友。

与马先生的重逢，令丰子恺十分欣喜。

丰子恺离开桐庐后不久，马一浮也应聘至时在江西泰和的浙江大学，任“特约讲座”，其间与丰子恺通信频繁。丰子恺到桂林后不久，马一浮也随浙大迁移，来此小住，就住在丰子恺等人为他租赁的房子里。

马一浮的到来，使丰子恺感到桂林的生活顿时大有生色。他经常陪着马先生游览山水岩洞，探讨历史人生，仿佛又回到了桐庐负暄时的好时光。

可惜不久，马一浮即离开桂林赶赴宜山。

丰子恺送别马先生后，心境颇觉黯然，以至回归“途中忽见桂林城中黯淡无光，城外山色亦无理唐突，显然非甲天下者。盖从此刻起，桂林已是无马先生的桂林了”。

马一浮人走了，而书信的往来和生活、事业的牵挂依旧。至宜山不久，他即寄来《赠丰子恺》一诗，对丰子恺的艺术才情作了高度的评价：

晋有顾恺之，人称三绝才画痴；
今有丰子恺，漫画高文行四海。
艺术权威亦可惊，学语小儿知姓名。
人生真相画不得，眼前万法空峥嵘。

同时，在此诗后的附言中，马一浮写道：

---

① 《丰子恺文集》，第五卷，第666、667页。

君尝题其画曰“人间相”，其实今之人间殆与地狱不别。予尝谓君：画师之任在以理想之美改正现实之恶，故欲其画诸天妙庄严相，以彼易此，使大地众生转烦恼为菩提，则君之画境必一变至道也。[①]

字里行间，可以看出马一浮对漫画常用的讽刺之道，并不十分认同。丰子恺对马一浮之所言，非常赞同。他在日记中写道：

“人生真相画不得，眼前万法空峥嵘。”真是良话！我的画集《人间相》所描的实在是地狱相，非人间相。明知讽刺乃小道，但生不逢辰，处此末劫，而根气复劣，未能自拔于小道，愧恨如何！[②]

不久，与丰子恺同在桂师任教的王星贤，追随其师马一浮而至浙大担任教职。后来，马一浮又正式来信，说浙江大学教务长郑晓沧托他转告，浙大要聘丰子恺为艺术指导。又言他已在城外觅得土地一亩，上有茅屋三间，空地上尚可再建两间屋，拟与王星贤、丰子恺两家结邻。其实早先郑晓沧经过桂林时，就已表示浙江大学要聘丰子恺。当时丰子恺感于唐现之校长的诚恳，未便失信于他。现在，丰子恺追随马先生心切，三家接邻而居的美景颇使他想起心中怀念不已的桐庐负暄。于是，便向唐校长提出辞呈，接受了浙大的聘请。

从12月23日接信到成行，为寻找、等待交通工具，费时三个多月。丰子恺便利用这段时间重作了《漫画阿Q正传》，共计54幅。此画册已是第三次重作。第一次作于1937年，印刷时正逢“八一三”事起，锌版及原稿尽毁于战火。1938年春抵汉口时，学生钱君匋从广州来信，为《文丛》索此稿，于是重作，陆续画成数幅，寄去发表。不料才登两幅，又遇广州大轰炸，《文丛》停刊，于是丰子恺也就不再续作了。到桂林后，《文丛》复刊，钱君匋则在上海新办了

① 1938年10月25日《教师日记》，《丰子恺文集》，第七卷，第29页。
② 《丰子恺文集》，第七卷，第27页。

《文艺新潮》，均屡以函电索稿。丰子恺当时身任桂师教职，自觉无“余暇与余兴”顾及于此，因此均未应允。现在趁着等车的空闲，便重作了此画册。

鲁迅所作《阿Q正传》，乃取故乡绍兴为其背景。丰子恺在作此《漫画阿Q正传》前，已有单幅作品发表，其中的背景，让有些读者以至鲁迅本人感觉与绍兴风情有差异。[①]就是在这部连环漫画早先的画稿中，丰子恺也是虽知“此画之背景应是绍兴，离吾乡崇德二三百里”，但因“我只经行其地一二次，全未熟悉绍兴风物。故画中背景，或据幼时在崇德所见（因为崇德也有阿Q），或凭主观猜拟，并未加以考据”。因此此次重画，他便有意识地根据张梓生、章锡珊（雪山）两位绍兴人的指教，在背景上作了一些修改。

然而丰子恺岂是人云亦云之辈，对于艺术表现自有他自己的一番见解。此次重画，虽已改正数处，但仍未全取绍兴背景：

> 因据诸友人说，鲁迅先生原文中所写，未必全是绍兴所有。（例如赴法场之“没有篷的车子”，可坐数人者，绍兴并无此物。杀犯一向是用黄包车载送法场的。）可知此小说不限定一地方的写实，正如“阿Q相”集人间相之大成一样。然则但求能表示“阿Q相”，背景之不写实，似无大碍。我亦懒惰无心学考据了。[②]

丰子恺曾说：“我们对于宗教上的事情，不可拘泥其‘事’，应该观察其‘理’。”其实生活中，也不乏情同此理之事。

1939年7月，《漫画阿Q正传》由开明书店出版。

同是在这等待舟车之时，开明书店的章锡琛诸人又共商了《中学生》杂志复刊之事。傅彬然被推为《中学生》主编，叶圣陶为社长，陆联棠为发行人，丰子恺为编辑委员。

1939年4月5日下午，丰子恺一行终于离开桂林，经过一番路途颠簸，于8

---

① 详情参见陈星：《丰子恺新传——清空艺海》，北岳文艺出版社1998年版，第160页。

② 《〈漫画阿Q正传〉初版序言》，《丰子恺文集》，第四卷，第34、35页。

日下午抵达宜山。

到了宜山，丰子恺在城里开明书店的楼上，租下了房间。但那时空袭十分频繁，城里很不安全，于是就住在郊外的龙岗园。龙岗园是一座小园林，原先园丁住的小屋，现在成了开明书店的货栈，他们一家就住在里面。房间虽小，但环境却颇雅致，有假山亭台，又有曲折山径，既可以游玩，亦可以避炸弹。因此丰子恺认为，租金桂钞35元，以屋而论，太贵；以环境而论，并不贵也。

丰子恺在浙大开设的课程是艺术教育和艺术欣赏。听课的学生很多，教室仅可容二三十人，而听者却达百余人之多。丰子恺只得赶到学校注册处，要求另行安排，这样就暂时改在饭厅授课。

浙江大学是一所以理工科为主的学校，现在开设艺术类课程，自然受到青年学生的欢迎。加之丰子恺的声望和讲课内容的丰富生动，听课者较多，也是情理之中的事。

不久日军在广西南宁登陆，进而宾阳又告沦陷，浙大教职员工纷纷逃往贵州。丰子恺一家先是迁至都匀，约一个月后，又随浙大迁至遵义。

在遵义，几经搬迁之后，丰子恺迁居到了新城狮子桥畔南坛巷的熊家新房子内。此地环境僻静，窗外望出去就是湘江。夜晚凭窗眺望，满天的繁星映着江流，颇有诗情画意。生活情趣一向浓厚的丰子恺便据苏东坡“时见疏星渡河汉”之意，名此屋为“星汉楼”。

遵义在当时是比较安定的大后方，星汉楼中度过的岁月，是逃难以来比较安定的时期。因此在教课之余，丰子恺又有时间从事绘画和写作了。这一时期他出版了《艺术修养基础》(文化供应社印行，1941年版)，《子恺近作漫画集》《子恺近作散文集》(成都普益图书馆印行，均作于1941年)。1942年，《客窗漫画》也问世了。此外，还由大路书店出版了丰子恺与萧而化合编的《抗战歌选》第一、二册。在宜山时，丰子恺曾把抗战以来所作的一些漫画编成一本画册，名为《大树画册》，也于此时由文艺新潮社出版了。

在星汉楼上，丰子恺编绘了一部《子恺漫画全集》，于1945年由开明书店出版。这是丰子恺对自己以往漫画创作的一个系统整理。全集共收424幅画，分编为六册：写诗意的84幅为一册，名曰“古诗新画”；写儿童生活的84幅为一册，名曰“儿童相”；写学生生活的64幅为一册，名曰“学生相”；写民间生活的64幅为一册，名曰“民间相”；写都市状态的64幅为一册，名曰“都市相”；抗战后流亡中所作64幅为一册，名曰“战时相”。丰子恺自谓画集好比心灵的儿女：两册《护生画集》好比在外的两个大男，一部全集犹似在家的六个儿女。

心灵的儿女长成了，生活中的儿女们也长大了。虽然跟随父母四处流亡，居无定所，学业受到影响，但丰家儿女都是聪颖听话的孩子，他们在断断续续的学校学习之外，坚持自学，丰子恺也一直没有放松过对子女的教育。据一吟说，在遵义罗庄时，丰子恺想出一种学习兼娱乐的办法来，即每个周末的晚上举行一次家庭联欢会。从城里买来五元食品，给孩子们在会上吃。

孩子们一边吃，一边听父亲讲故事。过后，必须把这故事写成作文。丰子恺称这家庭联欢为“和谐会”（江南口音“五元会”的谐音）。后来物价涨了，买食品需要十元，便改称为“慈贤会”（江南口音“十元会”的谐音）。①

此时，元草和一吟在城里进了豫章中学，每天早出晚归。陈宝、宁馨和华瞻已因成绩优秀，被保送到浙江大学上学。林先则已于1941年秋天，由苏步青证婚，与浙江大学毕业的宋慕法结婚。就是新枚，也已能拿着竹马泥龙骑来奔去，为丰子恺的漫画提供新画材了。

1941年秋，丰子恺在浙大升为副教授。

佛有灵

伴随着烽火连天的战争岁月、颠沛流离的逃难生活、繁忙的教学、勤奋的创作一起成长的，是丰子恺日渐成熟的佛学思想。当年缘缘堂的深思熟虑，此时流亡路上的耳闻目睹，都在丰富着丰子恺的阅历，锤炼着他思想的广度和深度。十年前随弘一法师初皈佛门的那个愤世嫉俗的青年，如今已是一个深明佛法、涵养深厚的居士了。

---

① 《潇洒风神——我的父亲丰子恺》，第228页。

缘缘堂被毁后，丰子恺的老姑母丰针十分伤心，连连慨叹“佛无灵”，意谓丰子恺吃素学佛，却未得佛的保佑。丰子恺知道后，便借题发挥，写了一篇随笔《佛无灵》，批评了一般人对佛的误解。尤其对当时社会上那些根本不解佛的真义、只为求取私利而吃素念佛的所谓“信佛”的人，大加鞭挞：

> 我十年前曾从弘一法师学佛，并且吃素。于是一般所谓“信佛”的人就称我为居士，引我为同志。因此我得交接不少所谓“信佛”的人。但是，十年以来，这些人我早已看厌了。有时我真懊悔自己吃素，我不屑与他们为伍……因为这班人多数自私自利，丑态可掬。非但完全不解佛的广大慈悲的精神，其我利自私之欲且比所谓不信佛的人深得多！他们的念佛吃素，全为求私人的幸福。好比商人拿本钱去求利。又好比敌国的俘虏背弃了他们的伙伴，向我军官跪喊“老爷饶命”，以求我军的优待一样。……这种人大概是想我曾经吃素，曾经作《护生画集》，这是一笔大本钱！拿这笔大本钱同佛做买卖所获的利，至少应该是别人的房子都烧了而我的房子毫无损失。便宜一点，应该是我不必逃避，而敌人的炸弹会避开我；或竟是我做汉奸发财，再添造几间新房子和妻子享用，正规军都不得罪我。今我没有得到这些利益，只落得家破人亡（流亡也），全家十口飘零在五千里外，在他们看来，这笔生意大蚀其本！这个佛太不讲公平交易，安得不骂“无灵”？①

丰子恺认为，这样的人不应称为佛徒，而应称之为“反佛徒”。“反佛徒”在佛门、在世间真是比比皆是。就像他的恩师弘一法师所说的那样，丰子恺也认为一般人所谓的佛教，其实早已失却佛教的本义了：

> 一般所谓佛教，千百年来早已歪曲化而失却真正佛教的本意。一般佛寺里的和尚，其实是另一种奇怪的人，与真正佛教毫无关系。因此世人对

---

① 《佛无灵》，《丰子恺文集》，第五卷，第701、708页。

佛教的误解，越弄越深。和尚大都以念经念佛做道场为营业。居士大都想拿佞佛来换得世间名利恭敬，甚或来生福报。还有一班恋爱失败，经济破产，作恶犯罪的人，走投无路，遁入空门，以佛门为避难所。于是乎，未曾认明佛教真相的人，就排斥佛教，指为消极，迷信，而非打倒不可。歪曲的佛教应该打倒；但真正的佛教，崇高伟大，胜于一切。①

正因为此，弘一法师在僧界弘扬律宗、力行苦修，丰子恺则秉承恩师之教诲，在俗世之中发出“舍生取义”的心声：

我也来同佛做买卖吧。但我的生意经和他们不同：我以为我这次买卖并不蚀本，且大得利，佛毕竟是有灵的。人生求利益，谋幸福，无非为了要活，为了“生”。但我们还要求比“生”更贵重的一种东西，就是古人所谓“所欲有甚于生者”。这东西是什么？平日难于说定，现在很容易说出，就是“不做亡国奴”，就是“抗敌救国”。与其不得这东西而生，宁愿得这东西而死。因为这东西比“生”更为贵重。现在佛已把这宗最贵重的货物交付我了。我这买卖岂非大得其利？房子不过是“生”的一种附饰而已。我得了比“生”更贵的货物，失了“生”的一件小小的附饰，有什么可惜呢？我便宜了！佛毕竟是有灵的。②

这义正词严的凛然正气，与弘一法师自度度人的峻烈之戒，可谓异曲同工，正是中国传统文化儒释相通、慷慨救世的一个绝好例证。

在中国现代文化史上，皈依佛门出家为僧者一直不乏其人，而信奉佛教的居士更是大有人在。他们之中，有不少是出于世事的无奈，但也有很多仅仅只是缘于精神生活的执着追求。丰子恺在很大程度上，应该属于后者。他最初依佛的出发点，在于“人生无常”之恸③；他与佛法一生相连的纽带，在于人生根

---

① 《为青年说弘一法师》，《丰子恺文集》，第六卷，第154页。

② 《佛无灵》，《丰子恺文集》，第五卷，第708页。

③ 邵洛羊：《挑灯风雨夜·往事从头说》，见《写意丰子恺》，第69页。

本的追究；他从佛学中领悟的，是爱生护心的广大慈悲、与人为善的安详睿智。最可贵的是，佛门的智慧和精进，赋予了他积极进取的人生态度。丰子恺一生都是热爱生活、积极乐观的，此时更是一位“抗敌救国”的勇敢战士。因此，我们怎么可以把他的信佛学法，简单地评说为消极出世的行为呢？

在宜山时，丰子恺完成了《护生画续集》的创作。续集为祝弘一法师六十寿辰而作，故绘画60幅。与初集相比较，少了那些令人触目惊心的残酷画面和粗暴文字，更多和平之气。

续集画好后，丰子恺即寄往福建泉州弘一法师处，请他书写。法师对丰子恺的工作十分赞同并予合作。他为续集写了几则题偈，书写了全部文字，并提出了更为宏大的设想。要求丰子恺在他70岁时作护生画第三集，共70幅；80岁时，作第四集，共80幅；90岁时，作第五集，共90幅；100岁时，作第六集，共100幅。

当时，丰子恺正处于逃难流亡之中，得悉法师的这个嘱托，非常惶恐，十分担心辜负了恩师的重托。但恩师之嘱，岂能推托？于是回信说：“世寿所许，定当遵嘱。”君子一诺千金，在以后的人生道路上，丰子恺集一生之力，实践了自己的诺言。

1942年10月18日，丰子恺接到福建泉州开元寺性常法师的电报，得知弘一法师已于农历九月四日（公历10月13日）圆寂。此时，丰子恺因受国立艺专之聘，正在收拾行装，欲往重庆。接此消息，他只是在窗前沉默了几十分钟，发了一个为法师画像一百幅、分寄各省信士勒石纪念的愿，然后照旧吃早饭、整行装、觅车子。

> 弘一法师是我的老师，而且是我生平最崇拜的人，如此说来，我岂不太冷淡了吗？

对此，当时有许多人来信怪他，认为以他与弘一法师的关系之深，何以法师圆寂却没有一点表示。

其实，在看似冷淡的表象之下，积聚着最热烈的情感和最虔诚的怀念。

1943年3月，在弘一法师逝世后的第167日，丰子恺写出了《为青年说弘一法师》一文，文中写道：

一月中，我实行了我的前愿，为弘一法师造像。连作十尊，分寄福建、河南诸信士。还有九十尊，正在接洽中，定当后续作。为欲勒石，用线条描写，不许有浓淡光影。所以不容易描得像。幸而法师的线条画像，看的人都说“像”。大概是他的相貌不凡，特点容易捉住之故。但是还有一个原因：他在我心目中印象太深之故。我自己觉得，为他画像的时候，我的心最虔诚，我的情最热烈，远在惊惶恸哭及发起追悼会、出版纪念刊物之上。其实百年之后，刻像会模糊起来，石碑会破烂的。千万年之后，人类会绝灭，地球会死亡的。人间哪有绝对“永久”的事！我的画像勒石立碑，也不过比惊惶恸哭、追悼会、纪念刊稍稍永久一点而已。①

因此，对丰子恺和弘一法师来说，任何表面形式的追悼或纪念，都不足以真正表达出两个灵魂在精神气质上的相契相融。即使是丰子恺自己，领悟恩师的人生价值与意义，也需得经过一段长长的思索。因此直到1948年11月28日，丰子恺在厦门佛学会以“我与弘一法师”为题发表演讲，才道出了自己对恩师一生的理解和评价：

我以为人的生活，可以分作三层：一是物质生活，二是精神生活，三是灵魂生活。物质生活就是衣食。精神生活就是学术文艺。灵魂生活就是宗教。“人生”就是这样的一个三层楼。懒得（或无力）走楼梯的，就住在第一层，即把物质生活弄得很好，锦衣玉食，尊荣富贵，孝子慈孙，这样就满足了。这也是一种人生观。抱这样的人生观的人，在世间占大多数。其次，高兴（或有力）走楼梯的，就爬上二层楼去玩玩，或者久居在里头。这就是专心学术文艺的人。他们把全力贡献于学问的研究，把全心寄托于

① 《为青年说弘一法师》，《丰子恺文集》，第六卷，第143页。

文艺的创作和欣赏。这样的人，在世间也很多，即所谓“知识分子”，“学者”，“艺术家”。还有一种人，“人生欲”很强，脚力很大，对二层楼还不满足，就再走楼梯，爬上三层楼去。这就是宗教徒了。他们做人很认真，满足了“物质欲”还不够，满足了“精神欲”还不够，必须探求人生的究竟。他们以为财产子孙都是身外之物，学术文艺都是暂时的美景，连自己的身体都是虚幻的存在。他们不肯做本能的奴隶，必须追究灵魂的来源，宇宙的根本，这才能满足他们的“人生欲”。这就是宗教徒。世间就不过这三种人。我虽用三层楼为比喻，但并非必须从第一层到第二层，然后得到第三层。有很多人，从第一层直上第三层，并不需要在第二层勾留。还有许多人连第一层也不住，一口气跑上三层楼。不过我们的弘一法师，是一层一层的走上去的。弘一法师的“人生欲”非常之强！他的做人，一定要做得彻底。他早年对母尽孝，对妻子尽爱，安住在第一层楼中。中年专心研究艺术，发挥多方面的天才，便是迁居在二层楼了。强大的“人生欲”不能使他满足于二层楼，于是爬上三层楼去，做和尚，修净土，研戒律，这是当然的事，毫不足怪的。①

弘一法师的生命历程、纷繁尘世的人的一生，都于此中可得了悟。

赋闲：沙坪的晚酌

丰子恺整装前往重庆的目的，是应国立艺术专科学校②校长陈之佛之邀，前去任教的。1942年11月，他到达重庆。为筹措生活费用，在夫子庙举行了个人画展。展出的都是流亡途中新作的以山水为主的彩色画，画幅较大。

在丰子恺的绘画艺术道路上，这次画展有较为特殊的意义。一方面，这是他自己亲自操持、到场的第一次个人画展；③另一方面，这是丰子恺绘画风格发

① 《我与弘一法师》，《丰子恺文集》，第六卷，第399、400页。

② 即今中国美术学院。

③ 《潇洒风神——我的父亲丰子恺》，第233页。

生重大转变的一个时期，而画展则充分地体现了这种转变。关于这一点，丰子恺在《画展自序》中分析、表达得十分详尽：

> 我生长在江南，体弱不喜旅行，抗战前常居沪杭一带。平原沃野，繁华富庶，人烟稠密，都市连绵。那时我张开眼睛，所见的都是人物相、社会相，却难得看到山景，从来没有见过崇山峻岭之美。所以抗战以前，我的画以人物描写为主，而且为欲抒发感兴，大都只是寥寥数笔的小幅。这些画都用毛笔写成，都可照相缩小铸版刊印。
>
> 抗战军兴，我暂别江南，率眷西行。一到浙南，就看见高山大水。经过江西湖南，所见的又都是山。到了桂林，就看见所谓“甲天下”的山水。从此，我的眼光渐由人物移注到山水上。我的笔底下也渐渐有山水画出现。我的画纸渐渐放大起来，我的用笔渐渐繁多起来。最初是人物为主，山水为背景。后来居然也写山水为主人物点景的画了。最初用墨水画，后来也居然用色彩作画了。好事的朋友，看见我画山水，拿古人来相比：这像石涛，这像云林。其实我一向画现代人物，以目前的现实为师，根本没有研究或临摹过古人的画。我的画山水，还是以目前的现实——黔桂一带山水——为师。古人说：“画不师古，如夜行无烛。”我不师古，恐怕全在暗中摸索？但摸了数年，摸得着路，也就摸下去。如上所说，我的画以抗战军兴为转机，已由人物为主变为山水为主，由小幅变为较大幅，由简笔变为较繁笔，由单色变为彩色了。①

丰子恺在艺专担任教务主任之职，开设“艺术概论”等课程。但是不到一年，当1943年夏天“沙坪小屋”建成后，丰子恺便辞去教职，重新过起了写文卖画的赋闲生活。

初到沙坪坝时，丰子恺先是住在陈之佛家中，后来几次择居搬迁，都不甚称意。他觉得老是这么迁来搬去的，总不是长久之计；而抗战的胜利，也不像

---

① 《画展自序》，《丰子恺文集》，第四卷，第256页。

原先想象的那样指日可待；加之重庆这座大后方的山城，给他的印象很好，于是便决定在重庆沙坪坝建屋定居。

丰子恺从重庆画展卖画所得的五万元法币中拿出四万元，在沙坪坝正街以西的庙湾，亲自设计建造了一所住屋。他用竹篱围了二十方丈土地，在篱内六方丈土地上造了四间平屋。屋朝南，四个房间好比一个“田”字。“田”字的西边另外搭出一个披屋来，隔成前后两间，前间可住人，后间为厨房。院子的西北角筑一间小小的厕所。墙壁十分单薄，只是在竹片编成的平面上涂以垩土。到了夏天，上午9时后东壁炙手可热。尽管如此，丰子恺还是很喜欢这所屋子，名之为“沙坪小屋”。院子里的泥层很薄，下边尽是岩石，不能种树木。风生书店的老板周世予特地挖了很高的芭蕉，扛到沙坪小屋来，替丰子恺种在院子的东北角里。另外，丰子恺家自己种些番茄、蚕豆、莴萝之类的植物。这所小屋是孤零零的，竹篱之外，尽是荒郊。远远望去，小屋犹如一个亭子，所以丰子恺把自己比作“亭长”。

丰子恺喜欢赋闲家居，以写文卖画的自由职业为生。当年缘缘堂里曾经有过的好日子，被日军的炮火所毁。现在，终于又恢复了战前的闲居生活。

丰子恺的喜欢家居，既是他的个性使然，更是社会环境使然。时世的动荡、谋生的艰难、处世的不易，都令他对社会、对人事存有戒心。缘缘堂时如此，现在仍旧如此。丰子恺此时认识了一位新朋友，名叫夏宗禹。他觉得这位年轻人年纪虽小，却与自己人生观相似，个性脾气尤为投合，因此引为无话不说的知己。在与他的通信中，丰子恺常常是实话实说：

> 老实说，我的确看不起世人。古人有“科头箕踞长松下，白眼看他世上人”的，我有时也常以白眼看人，我笑世人都很浅薄，大都为名利恭敬虚度一生。能看到人生真谛的，少有其人。我所崇拜的，是像弘一法师的人。①

---

① 1945年6月3日致夏宗禹信，《丰子恺文集》，第七卷，第397页。

这样的追求使他看不起世间那些贪婪无耻的追名逐利之徒。而另一方面，人生毕竟是现实的，社会毕竟是世俗的。高远的理想、高尚的品格、凛然的正气、真诚的品质，我们可以涵养于心，却往往不能见容于世。现实的社会中他惹不起那些虚伪狡诈的势利小人，更不屑与他们同流合污，于是退避三舍便成了他的最佳选择。他对夏宗禹说：

> 我劝你理想不可太高，处事不可太认真。因为社会总是这么一个社会。理想太高，处事太认真，徒然多碰钉子，自讨苦吃。这社会直是教人冷酷，教人虚伪。但我们不得不勉为其难。我怕此难（不肯二重人格），所以战前十年闲居，战时也已赋闲三年。但此不足为法。决不愿别人效我。愿你勉为其难，对社会“沉着应战”，必有伟大成功。①

丰子恺的赋闲家居，当然不是谁都可以效法的。因为在赋闲的同时，还须担负得起一大家子人的生活重担。赋闲之初，家中儿女除小儿新枚承欢膝下、次女林先结婚别居外，其余均尚在校就读。家中十余口人，照旧都靠丰子恺供养。因此担在肩上的家累，并未比年轻时有所减轻。丰子恺依旧要靠他的一己之力，养家糊口。

还是得靠写文卖画，一如缘缘堂时。但不同于那时的是，此时丰子恺除在报刊发表画作外，还举办了多次画展。

画展上大量的订画带给丰子恺丰厚的收入，养家之外，尚有盈余，这为他的赋闲生活打下了稳定的经济基础。

画作之外，丰子恺还写了不少随笔和艺术理论文章。主要的出版物有《画中有诗》（1943）、《漫画的描法》（1943）、《艺术学习法及其他》（1944）、《教师日记》（1944）、《人生漫画》（1944），以及《子恺漫画全集》（1945）。一部分随笔后来收载在1946年10月万叶书店出版的《率真集》中。

沙坪小屋的闲居生活，带给丰子恺无限的满足。他以一介书生之力，在离

---

① 1946年2月7日致夏宗禹信，《丰子恺文集》，第七卷，第415页。

乱的战争岁月、在五千里之遥的异乡，为自己、为家庭筑起了一处遮风挡雨的安居之所，这怎么会不令他欣慰呢？重享家庭团聚的和睦与温馨，带给丰子恺无穷的兴味，于是每天的晚酌，成为他最大的人生享受：

> 沙坪的晚酌，回想起来颇有兴味。那时候我的儿女五人，正在大学或专科或高中求学，晚上回家，报告学校的事情，讨论学业的问题。他们的身体在我的晚酌中渐渐地高大起来。我在晚酌中看他们升级，看他们毕业，看他们任职，就差一个没有看他们结婚。在晚酌中看成群的儿女长大成人，照一般的人生观说来是“福气”，照我的人生观说来只是“兴味”。这好比饮酒赏春，眼看花草树木，欣欣向荣；自然的美，造物的用意，神的恩宠，我在晚酌中历历地感到了。①

热爱儿女、热爱家庭的丰子恺，在家人的团聚中获得无限的幸福，他便痴心地想要让这团聚长长久久地延续下去。因此当几个大孩子毕业寻找工作时，他便严格地限制他们只能在沙坪（至多重庆）范围内供职，以致一时间使得觅职颇为不易。他对夏宗禹说：

> 我为何如此？因为流亡八年，为子女费了许多心，长了许多白发。今已大学毕业，而胜利已经在望。我希望大家团聚，多得相见，也是一种安慰。虽然明知这是一种痴想，但不能避免。古人诗云：“满眼儿孙身外事，闲梳白发对斜阳。”只有白发是自己的，爱怜子孙，实是痴态，可笑。②

真是可怜天下父母心。好在丰子恺的儿女都颇能体谅父亲的苦心，他们一直陪伴在丰子恺的身边，直到重回江南。

丰子恺在沙坪晚酌中所见到的，还不仅仅是家庭的兴味，更有一种独特兴

---

① 《沙坪的酒》，《丰子恺文集》，第六卷，第182页。

② 1945年6月3日致夏宗禹信，《丰子恺文集》，第七卷，第397页。

味，那就是抗战形势日胜一日地好转。直至1945年8月，抗日战争终于取得了胜利，重庆沉浸在狂欢之中。丰子恺身处其间，感受着难得的欢畅和振奋，经历了一个难得的狂欢之夜。

漫漫东归路

1944年中秋节，丰家团聚在沙坪小屋。丰子恺眼见虽然流亡几千里、历时七载余，但除却老岳母因年迈体病去世外，全家终究得以团圆，自是庆幸欢喜。他为此开怀畅饮，以至大醉，没有赏月就酣睡了。早上醒来，在枕上写就一曲《贺新郎》：

> 七载飘零久。喜中秋巴山客里，全家聚首。去日孩童皆长大，添得娇儿一口。都会得奉觞进酒。今夜月明人尽望，但团圆骨肉几家有？天于我，相当厚。　　故园焦土蹂躏后。幸联军痛饮黄龙，快到时候。来日盟机千万架，扫荡中原暴寇。便还我河山依旧。漫卷诗书归去也，问群儿恋此山城否？言未毕，齐摇手。

第二年中秋，抗战果然胜利，词中预言成了现实。丰子恺喜不自禁，“漫卷诗书归去也”，成了他迫切的心愿。

其实，就丰子恺及他家当时的实际情况而言，长住重庆未尝不是一个更好的选择。因为故乡的缘缘堂以及其他几间老屋和市房，已全部被毁无存，实已无家可归。而在重庆却有沙坪小屋可蔽风雨。再说丰子恺多年来闲居沙坪小屋卖画为生，并未担任公职，没有职业的牵累，全无急急复员的必要。尤其是陈宝、软软、华瞻都已在重庆当公教人员，而四川当局欢迎下江教师留渝，报酬特别优厚。为他们考虑，也不必辛苦地回到“人浮于事”的下江去另找饭碗。

但是，即使如此，丰子恺还是一定要回江南。

> 不知道一种什么力，终于使我厌弃重庆，而心向杭州。不知道一种什

么心理，使我决然地舍弃了沙坪坝的衽席之安，而走上东归的崎岖之路。明知道今后衣食住行，要受一切的困苦；明知道此次复员，等于再逃一次难；然而大家情愿受苦，情愿逃难，拼命要回杭州。这是什么缘故？自己也不知道。想来想去，大约是“做人不能全为实利打算”的缘故吧。全为实利打算，换言之，就是只要便宜。充其极端，做人全无感情，全无意气，全无趣味，而人就变成枯燥、死板、冷酷、无情的一种动物。这就不是“生活”，而仅是一种“生存”了。古人有警句云：“不为无益之事，何以遣有涯之生？”（清项忆云语）这句话看似翻案好奇，却含有人生的至理。无益之事，就是不为利害打算的事，就是由感情、意气、趣味的要求而做的事。我的去重庆而返杭州，正是感情、意气、趣味的要求，正是所谓“无益之事”。我幸有这一类的事，才能排遣我这“有涯之生”。①

为筹措重返江南的路费，丰子恺于1945年11月1日至7日，在重庆举行了第二次画展，展出地点在重庆两路口社会服务处。

画展办得非常成功。因为抗战胜利，四川当地人士都料定丰子恺必定出川回乡，因此纷纷求购他的画作，并请他“结缘减润”。而丰子恺也认为抗战既已胜利，物价不久一定会大跌，便听允了求画者的请求，将画价减低至“漫画四千元半方尺左右”。这个画作润例在当时的重庆，属最低的一种。因此订画者如云，达360人之多，致使丰子恺自谓成了一架“造画机”，为偿画债而埋头作画。次年1月，又在沙坪坝以及重庆七星岗江苏同乡会续展。

1946年4月20日，丰子恺廉价卖去沙坪小屋，迁居重庆凯旋路等待归舟。其间，为“答复夏先生的雅望”，而写了《读“读缘缘堂随笔”》一文。岂料23日，就获悉了夏丏尊逝世的消息。

抗战期间，夏丏尊居住在上海，虽然与丰子恺相隔千里，却一直十分挂念这位学生，关心着他的生活与事业。1944年，夏丏尊将日本作家谷崎润一郎《读“缘缘堂随笔”》一文翻译成中文，登载在《中学生》杂志上。他在此文的

① 《谢谢重庆》，《丰子恺文集》，第六卷，第177页。

序言中说："余不见子恺倏逾六年，音讯久疏，相思颇苦。"表达出深切的师生情谊。上面丰子恺为"答复夏先生的雅望"而写的那篇文章，就是阅此译文的读后感。

丰子恺、叶圣陶等一班在大后方的老朋友，也深深惦念着蛰居上海的夏丏尊，为他的处境、生活和多愁善忧的性格担心。

上海的日子确实过得非常艰难。日寇铁蹄之下的孤岛，精神的压抑与心境的郁闷自不待言，文化人的处境更是十分危险。夏丏尊就曾被日本特务机关逮捕，留学日本、精通日语的他在被捕期间，坚持不说日语，保持了高贵的民族气节，也因此遭受非人的折磨，身心俱遭重创。

同时，高昂的物价更使生活不易。1940年11月15日，夏丏尊致信丰子恺说：

> 米每石七十余元。青菜一角五至二角。肉二元余。舍下五人每月开销须三百元以上（娘姨已不用）。薪水本来无几，凑以版税，不足则借贷支撑。……酒每餐饮一玻璃杯，烟已吸至平常不吸之劣牌子，花瓶无一存者，以瓦茶壶插花供案头。①

本来抱着抗日救国的决心，寄希望于胜利后的幸福，倒也尚可咬紧牙关忍受。岂料胜利之后的日子反而更加艰难。国民党对日占区的接收，成了名副其实的"劫收"。抗战时留在上海的国民党党棍、特务以及地痞流氓，拥有现代化交通工具的国民党军事机关，国民党政府正式委派的接收大员，都迫不及待地加入到了"劫收"的行列中。他们化公为私、鲸吞海吸，抢占工厂、房产、汽车、金条及各种财物，中饱私囊，大发横财。

抗战时期，汪伪政府强迫人民使用他们发行的伪中储券，抗战胜利后，用法币兑换伪中储券是势在必行的措施。1945年9月28日，国民党政府公布的伪币、法币兑换率为200∶1，而当时伪币、法币的实际比值大约是50∶1。无力

① 转引自丰子恺：《读丏师遗札》，见《丰子恺全集》，第六卷，第85页。

收藏黄金美钞、珠宝首饰、米粮物资的升斗小民，手中的伪币霎时成了一把废纸。

夏丏尊就是在这样的情形中，贫病交加，再加上愤恨难抑的心情，终于走到了生命的尽头。1946年4月22日，他对着前去探望的亲家翁叶圣陶，发出了悲愤不平的呼声："胜利？到底啥人胜利——无从说起！"

夏丏尊去世后，丰子恺写下了《悼丏师》一文，文中写道：

> 八年来水深火热的上海生活，不知为夏先生增添了几十万斛的忧愁！忧能伤人，夏先生之死，是供给忧愁材料的社会所致使，日本侵略者所促成的！①

上海的接收变成了"劫收"，自重庆东归也丝毫没有凯旋的豪气与畅达。当时，要出川返家的达官贵人、接收大员人数众多，以至霸占了所有的飞机、轮船，一般百姓根本无缘搭乘。万般无奈之下，叶圣陶等开明同人及眷属五十多人，只好雇用了两艘毫无安全保障的木船，冒着生命危险从长江东流而归。

同样书生意气的丰子恺，同样无缘搭乘飞机轮船。他一直盘桓到1946年7月上旬，才得以离开重庆，开始了千里东归的漫漫长路。其间两个多月的艰辛曲折，直令丰子恺焦头烂额，心急如焚。我们且看一吟对这段生活的回忆记述：

不得已，只能走陇海路，绕道回江南。1946年7月上旬，在胜利后将近一年时，丰子恺率眷七人，才得离开山城，坐长途汽车前往绵阳。在绵阳等候摆渡，一等等了四天。然后经剑阁，于7月14日抵广元。由广元换车，经汉中到宝鸡。从宝鸡搭上火车，原打算走陇海路直达江苏徐州，再由徐州下江南。岂料车到河南开封，因前方兰封（今兰考）正在打内战，道中有阻，不得不在开封耽搁下来。丰子恺流落在异乡，况且盘川即将告罄，心急如焚，急出一场病来。在开封耽搁了12天，慕丰子恺名而前来拜访的人很多，作画应酬，丰子恺疲劳之极。次日早晨，总算到了火车站。这回不是往东前进，而是往西倒退，

① 转引自丰子恺：《读丏师遗札》，见《丰子恺全集》，第六卷，第85页。

退回到了郑州。火车抵郑州时，已是深夜，全城“戒严”，不可能去找旅馆，只得在街头露宿一夜。这“复员”的一路上，车辆食宿之困难，竟与逃难无异。且由于盘川拮据，比逃难更加狼狈。

往武汉的火车，根本谈不上买票。能挤上车的人，不是凭权势，便是凭力气。丰子恺夫妇和元草、一吟、新枚，哪里挤得过人家。每天带了行李到火车站，总是失望而归，就这样在郑州耽搁了好几天。如再住下去，生活将成问题，丰子恺急得焦头烂额。这一天，一家人在火车站的站台上正急得团团转时，忽然出现了生机！原来丰子恺怕行李与别人混错，在自己的行李上贴有白纸，上写“丰子恺”三个醒目的毛笔字，此时被早已挤上车厢的一群年轻人看见了。他们久仰丰子恺的大名，欣然让出一块空地，帮助丰子恺一行人翻过货车车厢的高壁，坐到了车上。

总算到达了武汉。这里有开明书店的分店，就好比到了娘家，丰子恺松了一口气。这里熟朋友很多，丰子恺在汉口和武昌各举行了一次画展，以解决生活和盘川的问题。

丰满和几个已经立业的子女，比丰子恺迟一步离开重庆。他们总算买到了轮船票，由重庆顺江而下。在汉口上岸，正值丰子恺一行滞留在此。匆匆见了一面，他们便继续上船前行。不久，丰子恺一行也买到了船票，搭了江轮，往江南进发。船到南京后，上岸改乘火车。

1946年9月25日，丰子恺总算踏上了阔别十年的上海。他在《胜利还乡记》一文中回忆当时的情况说：“我从京沪火车跨到月台上的时候，第一脚特别踏得重些，好比同它握手。”①

湖畔小屋

离别了将近十年的故乡，在日寇的铁蹄下苦苦挣扎的故乡，在丰子恺的客梦中萦绕不绝的故乡，如今，你将以怎样的一番情形，迎接这个拼死回归的赤

① 《潇洒风神——我的父亲丰子恺》，第252—254页。

子呢？

当我的小舟停泊到石门湾南皋桥堍的埠头上的时候，我举头一望，疑心是弄错了地方。因为这全非石门湾，竟是另一地方。只除运河的湾没有变直，其他一切都改样了。这是我呱呱坠地的地方。但我十年归来，第一脚踏上故乡的土地的时候，感觉并不比上海亲切。因为十年以来，它不断地装着旧时的姿态而入我的客梦；而如今我所踏到的，并不是客梦中所惯见的故乡！

丰子恺沿着运河向前走，一路所见都是草棚、废墟，以及许多不相识的人。抗战时期，石门湾是游击区，约近百分之八十的房屋毁败无存，居民则大半流离死亡。他凭着记忆中的方向与距离，走到了木场桥。原来熟悉的石桥，变成了一座平平的木桥。桥堍旁，是一片片的荒草。桥旁的染坊店与缘缘堂自是无存，只有河边石岸上的一块石头，与那仅存的一排墙脚石，向他指示着店与堂曾经的所在。这块石头上，有丰子恺一幕幕的儿时忆念，“如今百事皆非，而这块石头依然如故。这一带地方的盛衰沧桑，染坊店、缘缘堂的兴废，以及我童年时的事，这块石头一一亲眼看到，详细知道。我很想请它讲一点给我听。但它默默不语，管自突出在石岸上”。

丰子恺由墙脚石按距离推测，在荒草地上约略认定了书斋的地址。“一株野生树木，立在我的书桌的地方，比我的身体高到一倍。许多荆棘，生在书斋的窗的地方。”他也找到了灶间的位置，“但见一片荒地，草长过膝”。

蔓草荒烟，斜阳伤逝。这晚，投宿于族人家中。“他们买了无量的酒来慰劳我，我痛饮数十盅，酣然入睡，梦也不做一个。次日就离开这销魂的地方，到杭州去觅我的新巢了。”①

丰子恺一生与杭州有缘。他生活中一些重要的片段，如浙一师的求学，李叔同的虎跑寺出家，马一浮的陋巷三访，都发生在杭州。

---

① 以上所引均见《胜利还乡记》，《丰子恺文集》，第六卷，第195—198页。

缘缘堂时，他曾在杭州租屋而居，称为杭州的别寓。那时，几个大孩子都在杭州上寄宿中学。丰子恺每次去学校看望他们，都会伤神于儿女们临别时的恋恋不舍。他自己有寄宿生活的切身感受，对之十分恐惧、反感。现在又把自己的孩子送到这样的学校，让他们去过那种“可悲可怕的”寄宿生活，真是于心何忍！他思来想去，最后决定在杭州租屋而居。这样，春秋之时来此居住，周末孩子们就有家可归，得与父亲共享快乐时光。待到寒冬酷暑的假期，再一同回到石门缘缘堂里度过。

就这样，西湖之恋与儿女之爱，让丰子恺在杭州筑起了他的“别寓”。这“别寓”先是皇亲巷6号的住宅，从1934年住到1936年。后迁居马市街156号，因环境嘈杂，又迁至田家园3号，一直住到1937年“八一三”后。友人诧异于他不在杭州赚钱而无端地做寓公，又怎知他的生活哲学，就是“不为无益之事，何以遣有涯之生”。

此时丰子恺心中的杭州，是一座真正的天堂。他眼中的西湖一尘不染，只是艺术欣赏和观照的对象。无论是接天莲叶的清丽，还是三秋桂子的浓香，都是让他陶醉的美景；无论是湖上风光的旖旎，还是山中景色的幽静，都是令他流连的胜地。烟雨迷蒙中的诗情画意，暮鼓晨钟里的凝神思悟，伴随着他度过了三个春秋的好时光。

他写信给夏宗禹说：“杭州山水秀美如昔，我走遍中国，觉得杭州住家最好……”于是在这一片湖光山色之中，丰子恺又一次租屋而居。

秋时，丰子恺曾在上海举办过一次画展，得法币500万元左右。次年2月，为替立达学园筹募复校基金，在上海续展，所得一半画款捐赠给立达。后来又在南京、无锡两地办了展览。

他用这些画展所得的钱款在西湖边的静江路（今北山路）85号租了一所小平房，有正屋三间，天井的东西侧则各有厢房一间。此屋地处葛岭之下，与孤山隔湖相对，开门即见湖清水秀，木荣山幽，正是西湖边的一块宝地。丰子恺初看屋时，见此佳境，不禁脱口而吟“门对孤山放鹤亭”。后来章锡琛为之补对上联“居临葛岭招贤寺”，成了一副上好的对联。

丰子恺为小屋取名“湖畔小屋”，装修之后，于1947年3月11日，全家乔迁而入。

湖畔小屋的一年半，丰子恺笔耕甚勤，收获良多。

上海万叶书店老板钱君匋，在丰子恺的第一次上海画展后就提出，要为老师出版一本彩色画册。桂林师范时，丰子恺曾在上课之余，选取抗战以来所作较满意的画稿，一概用四尺玉版宣一开十二之尺页予以重画，并盖上“缘缘堂毁后所蓄”图章，供自己保存。从1942年开始，丰子恺到各地举行画展时，常用这一批画。原作从来不卖，凡有订购者，皆在展览闭会后另画。到1946年，这批画已达两百余幅，虽曾有意刊印成册，总是没有机会。现在钱君匋有意出版，丰子恺当然允诺。他与钱君匋等人从中挑选了36幅，印成《子恺漫画选》一册，于1946年12月由万叶书店出版，这是丰子恺的第一册彩色漫画集。

此外，他于1947年出版了《又生画集》《劫余漫画》《幼幼画集》《音乐十课》等，1948年出版了《丰子恺画存》第一、二册。

丰子恺既热心又好客，他用苏东坡的句子写了一副对联：“酒贱常愁客少，月明都被云妨。”他这一愁客少不要紧，到杭州来的故乡亲友，便都成了家里的客人。湖畔小屋里，常常是宾朋满座，热闹异常。

故乡石门的乡亲都跟着雪雪的儿子蒋正东，称丰子恺为娘舅，说他是“众家娘舅”。朝山进香的时候，乡下客人特别多，往往吃住都在丰子恺的家里，于是客堂里就摆开了行军床，徐力民更是忙得不可开交，招待一批批的客人吃喝游玩。

文化界的新朋老友，也少不了到湖畔小屋品茗对饮，畅叙心怀。丰子恺送往迎来，乐在其中。

湖畔小屋的生活是平静的。然而丰子恺的定居杭州，一方面是个人情趣的选择，另外一个重要的原因，乃是不平静的时局使然。

抗战胜利后，国民党当局无视人民希望和平建设的要求，挑起内战。他们侵犯解放区，在国统区变本加厉地实行法西斯专政，激起全国人民极大愤怒，国统区以青年学生为首的反饥饿、反内战、反迫害的民主爱国运动蓬勃发展。1945年12月1日，云南昆明各大、中学校学生六千余人，举行了反对内战的示威游行，并于西南联大校内举行反内战时事晚会，遭到国民党反动军队残酷镇压，师生多人被打伤和枪杀，酿成“一二·一”惨案。1946年1月，茅盾、巴金等联合发表《致政治协商会议各委员书》，要求结束“一党专政，制定和平建国纲领”，“废止文化专制政策”。1946年7月11日晚，著名民主人士李公朴因积极参加反内战、反独裁的政治斗争，在昆明被国民党当局暗杀。西南联大教授、著名诗人闻一多不顾亲友劝阻，毅然参加了7月15日由云南大学学生自治会主持、李公朴夫人报告李先生死难经过的大会。闻一多在会上大声疾呼：“光明就在我们眼前，而现在正是黎明之前那个最黑暗的时候。我们有力量打破这黑暗，争到光明！我们的光明，就是反动派的末日。”“我们随时像李先生一样，前脚跨出大门，后脚就不准备再跨进大门！”讲演之后，闻一多被暗随的国民党特务枪杀。

上海是同样的暗无天日。1947年5月，上海三家进步报纸《联合晚报》《文汇报》《新民晚报》被国民党政府查封，另外几家进步刊物也被勒令停刊，其中《文萃》编辑部的三位工作人员惨遭杀害。

黑暗的现实彻底粉碎了丰子恺对“胜利”的期望，充满了白色恐怖，又同样充满了纸醉金迷的上海，更是令他生厌，因此便举家迁到了杭州。本来，丰子恺曾答应到杭州后去浙江大学教书。但当时政治黑暗，物价飞涨，法币的贬值使教授每月的薪金根本不足以养家糊口。比如浙大的著名教授谭其骧迫于无奈，只得以“谭其骧”和“谭季龙”两个名字，在浙大和上海暨南大学分别任教，风尘仆仆地奔走于沪杭之间，才勉强维持了一家人的生活。①

丰子恺本来就不愿受束缚，更何况现在即便受了这束缚，依然不能解决生计问题。于是他便没有去浙大任教，依旧还是老办法，靠写稿、卖画、抽版税过日子。从1948年丰子恺致广洽法师的几封信中，可窥当日情形之一斑。

5月13日：“近杭州法币大跌，物价暴涨。因此，求画者甚众，贪其廉也。弟应接不暇，颇以为苦。故六月一日起，改订润例（由每方尺六十四万改为二百万），以求减少笔债。”

8月14日：“近两月来，此间物价暴涨，达十倍以上。弟之书画润例，今后

---

① 详见葛剑雄：《悠悠长水——谭其骧前传》，华东师范大学出版社1997年版，第148、150页。

亦只得大加调整（比两月前加四倍）……”[1]

西湖毕竟不是世外桃源，丰子恺更不是独善其身的超然出世者。时局的黑暗、世道的不平、人民的痛苦、生活的艰辛，都被他看在眼里、记在心中、写在笔下。这一时期，他发表了一系列针砭时弊的漫画，如《乱世做人羡狗猫》《一种团圆月，照愁复照欢》《屋漏偏遭连夜雨》《却羡蜗牛自有家》《卖儿郎》《鱼游沸水中》《万方多难此登临》《菊花会不会结馒头》《感时花溅泪》《再涨要破了！》等。漫画之外，又有童话《伍元的话》，写一张本来可以买一担白米的五元钞票，因通货膨胀，终于成为垫桌脚的废纸。随笔《口中剿匪记》则把蛀牙比作贪赃枉法的官匪：“原来我口中的国土内，养了一大批官匪，若不把这批人物杀光，国家永远不得安宁，民生永远不得幸福。”[2]

1948年8月12日，清华大学教授、老友朱自清在贫病交迫中去世。噩耗传来，丰子恺悲痛难禁，含着泪水愤愤地说：“佩弦死了，这么好的人。这年头，坏人不死，专死好人！”

南　行

1948年9月，章锡琛要到台湾去察看开明的分店，邀请丰子恺同游，丰子恺欣然同意。一吟恰好在国立艺术专科学校毕业，便随父亲同往。

他们在台湾住了56天。台北有丰子恺的不少新朋旧友。学生萧而化、老友钱歌川、开明书店的刘甫琴等人，往来酬唱，热闹愉快。

在台北中山堂，丰子恺举行了一次画展。10月13日晚，在台北电台以“中国艺术”为题作了一次广播演讲。他们还到了台中，游览了阿里山和日月潭。丰子恺作了一些以阿里山风景为题材的画，并题诗云：“莫言千顷白云好，下有人间万斛愁。”

离开台湾后，丰子恺带着一吟来到了厦门。

---

① 《丰子恺文集》，第七卷，第196—199页。

② 《口中剿匪记》，《丰子恺文集》，第六卷，第256页。

厦门是弘一法师的圆寂地。1932年11月底，弘一法师第三次来到厦门，从此一直在闽南地区访学弘法，直至去世。弘一法师在厦门南普陀寺住过很久。1936年2月，他主持创办了一所培养青年佛学人才的教育机构——佛教养正院，聘请瑞今法师为院主任，广洽法师为监学，高文显居士为讲师。早在1931年，弘一大师就介绍广洽法师与丰子恺通信相识。1937年，丰子恺曾有意南下访问两位法师，但因故未成。此次来厦，就是为了瞻仰法师故居，寄托哀思，以尽弟子之礼。

也是有缘千里来相会。丰子恺一到厦门，就碰上了恰好由新加坡回厦门南普陀寺参加传戒大会的广洽法师。广洽法师于1937年因卢沟桥事变而至新加坡弘法，因此两人虽相识已久，却还从未见过面。

广洽法师陪着丰子恺参谒了南普陀寺弘一法师居住过的阿兰若处、法师手植的柳树和佛教养正院等处。丰子恺在柳树旁沉吟良久，感慨系之："今日我来师已去，摩挲杨柳立多时。"此后又先后到安海、泉州等地。在泉州，他们拜谒了弘一法师讲经的大开元寺、最后讲经处的纪念碑、骨灰塔、晚晴室。在恩师圆寂的床上，丰子恺正襟端坐，摄影留念。

应厦门佛学会之请，丰子恺以"我与弘一法师"为题作了演讲，既是对法师的纪念，也畅谈了自己对艺术和宗教之关系的见解："艺术的最高点与宗教相通。"

此外，他又应厦门大学邀请，发表了题为"艺术的精神"的讲话。在明伦堂文化界欢迎会上，发表了题为"人生的三个境界"的演说；在泉州大光明戏院，发表了题为"广义的艺术"的演说。

丰子恺所到之处，均举行演讲和画展，受到热烈欢迎。厦门给他留下了美好的印象，于是便给杭州家中去信，决定在此定居。徐力民自是二话不说，安排好杭州的事宜，就带着元草、新枚于1949年1月迁来厦门了。当时，华瞻已赴美国留学，林先早已成家，宁馨奉母丰满居住杭州，因此都未能来厦门共居。陈宝则早于年底前即来到厦门，在双十中学任教。

弟子黄黎丁在古城西路43号找到了一幢三开间的楼房，与丰家一同迁入。丰子恺家住楼上，黎丁家住楼下。

定居厦门后，丰子恺开始静下心来，从事《护生画集》第三册的绘制。在杭州时，集齐素材后，已经开始绘制，但因生计所迫，忙于作画卖画，因而时断时续，一直未能完成。

终于，第三集的70幅画稿完成了。但请谁题词，又是一个问题。前两集都是弘一法师亲笔题词的，现在法师已逝，就要另外请人了。章锡琛知道后，建议他到香港去找叶恭绰题词。丰子恺觉得此意甚是，便立即写信联系。不久，便得到叶恭绰的复信，慷慨允诺。但说自己年事已高，又加体弱，因此只能书写文字，题词的内容，还须丰子恺预先加以准备。

于是丰子恺便于1949年4月初前往香港。抵达香港后，叶恭绰很快就把70幅字写好了。同时，在叶恭绰、黄般若、《星岛日报》总编辑沈颂芳等人的帮助下，丰子恺在香港举行了三次画展。

第七章　欢愉的新生活

祖国气象全新，与昔年大异，我等在新中国生活均甚幸福，真可谓安居乐业。

——丰子恺

何去何从

丰子恺1948—1949年的南国之行，也是在为他今后的生活道路作选择。

初到台湾时，丰子恺曾有择居台岛之意。他想看看台湾的情况，如果满意，就把家眷接来。但台湾没有可口的绍酒，丰子恺对此不能接受。便又到了厦门，并决意定居于此。

但厦门的情况也并不见得好到哪里去。因当时南迁厦门居住的人很多，致使物价飞涨，比杭州要高出近一倍。例如，从丰子恺居住的古城西路到南普陀寺这一段路程的人力车费，他们初居时的1949年1月，不到百元；2月时，是一百元；但到3月，即已涨到两千元，涨幅高达数十倍。面对如此现实，丰子恺深叹“来日生活，不堪设想”，厦门“不能久居”。

丰子恺的老友叶圣陶早在重庆时期，即与共产党高层人士有所接触。1948年冬，叶圣陶作为进步文化人被列入国民党特务迫害的黑名单中，随时都有被捕的可能。于是在中共地下党组织的安排下，于1949年3月18日抵达北平，开始了迎接新中国、筹备文代会的繁忙事务。

繁忙的工作并没有消弭叶圣陶对老友的关切之情。就在此时，他给千里之外的丰子恺写信，劝他趁早北返江南。丰子恺感谢老友的殷切之情，又怀念江南故乡的诗情画意，加之厦门物价太高、生活不易，遂决意重返江南。除了请叶恭绰题词外，他香港之行的另一目的，就是想借画展筹措一笔经费，为去上海安家作准备。

4月23日，丰子恺顺利完成去香港的两大心愿，乘飞机返回了上海，他的家属已比他早些时候从厦门直接回沪了。1947年新年时，丰子恺曾写过一篇《新年小感》，文中写道：

> 四十年来，因了政治不清明，社会组织不良，弄得民不聊生。新年的欢乐，到现在已经不绝如缕了。我不想开倒车，回到古昔；我但望有另一种合于现代人生的新的节奏，新的文化，来调剂我们年中生活的沉闷……人生的幸福可由自己制造出来。物极必反。人生苦到了极点，必定会得福。好比长夜必定会天亮一样。新年之乐的蜡烛已经快点完了。不要可惜已经点去的部分，还是设法换一枝新的更长大的蜡烛；最好换一盏长明灯，光明永远不熄。①

现在，这盏他所企盼的长明灯，终于亮了。1949年5月27日，上海解放。上海人民以无比的热情欢迎人民解放军。

解放军进入上海市区以后，以严明的军纪、秋毫无犯的行为，迅速在上海人民心中树立了人民军队的光辉形象。部队规定，后方辎重、骡马，一律不得进入市区；在货币问题未作统一规定之前，一律不准购买商品；入城部队自带粮、油、柴、菜；部队不得进入民房，不许借用市民物品。战士们晚间都露宿街头，吃饭时宁愿用钢盔当碗，用手指当筷，也不肯使用居民们自动送来的碗筷。这是上海人民历经多次战火而从未见过的军队，许多市民感动得热泪盈眶。丰子恺目睹了这一切，感到十分欣慰，于是决定在上海定居。

---

① 《丰子恺文集》，第六卷，第247页。

丰家初到上海时，借住在学生张逸心家中，此后又几经迁居。到1950年1月23日，迁至黄浦区福州路671弄7号。这幢房子原是章锡琛的家，因他全家迁往北京，便把房子连同家具让给丰子恺使用。

安居乐业

丰子恺真心实意地欢迎着中华人民共和国这个新政权的成立，饱含真情地写出一篇篇讴歌赞美新社会的随笔，满心欢喜地投入到了新的生活之中。

在1966年的劫难发生之前，长长的17年，是丰子恺尘世生活中最为积极、明朗的一段光阴。在他这一时期的随笔、漫画乃至友人间的通信中，那个执着于宇宙究竟、人生根本的丰子恺，那个叹咏着人生如梦、世态无常的丰子恺，那个感怀着社会险恶、人心叵测的丰子恺，那个热衷于赋闲家居、独善其身的丰子恺，消遁了。是什么样的因缘和力量，促使着这位多年来以闲居方式、宗教情怀与社会保持相当距离的居士、文人、艺术家，在这么短的时间里就自觉自愿地融入了这个新的社会，并在以后的岁月里一直初衷不改？

因为新的社会确实不同寻常。

1949年5月27日，上海市军事管制委员会正式宣告成立，陈毅任主任，粟裕任副主任。它是新生的上海的最高权力机构。28日，第一届上海市人民政府成立，由陈毅任市长。当天下午，举行接管国民党市政府仪式。这一天后被定为上海市解放纪念日。

5月29日，军管会开始对上海全面接管。由于接管方针正确、步骤协调，接收人员廉洁奉公、认真负责，接收工作得以迅速、高效、顺利地完成。与1945年国民党政府“劫收”敌伪产业时“三阳开泰”“五子登科”的丑象，恰成鲜明对比，获得了社会各界的广泛好评。1950年7月，已完成工作的各区接管委员会全部奉令撤销。

在经济上，国民党政府留下来的是一副烂摊子。仅仅它所滥发的金圆券一项，就是人民政府极其沉重的金融负担。1949年6月1日，中国人民银行上海分行正式开业，军管会颁布了使用人民币与限期收兑金圆券的命令。尽管此时金圆券实际币值已形同废纸，但政府为照顾人民群众的利益，仍决定全面收兑金圆券，10万元金圆券可兑换1元人民币，仅用7天时间，就收兑了金圆券36亿元，占国民党政府总发行量的53%，从而既解除了市民的后顾之忧，又初步实现了币制的统一。①

丰子恺是一个善于见微知著的人。就如同往昔一片叶、一瓣花令他深叹人生的无常，一滴水、一秒钟令他浮想宇宙的根本，现在大环境正在发生着翻天覆地的变化，而他身边的一件件小事，更令他切身感受到社会与生活的巨变。

社会风气变了。

有一次，丰子恺的家中来了一位素不相识的电车公司的退休工人。为的是26路电车的售票员捡到了一个笔记本而找不到失主，这位退休工人便自告奋勇地帮助寻找。这本子上记录的若干姓名地址中，有一个是丰子恺，于是这位工人便来请丰子恺提供线索。虽然丰子恺并不熟悉本子的主人，只能向他表示抱歉，但这一件小事却使他深为感动。因为在往昔的那个旧上海，是做梦也想不到会有这种事情的。

人与人之间的关系，也变了。

也是小事的启发。过去画家写生，被画的人往往满心戒备，有时逃跑，有时来抢写生簿，有时甚至殴打画者。因为那时世道险恶，人与人之间也就充满猜忌、隔膜与敌对。甚至还有迷信的观念认为写生会伤人元气，民智的愚昧和顽固可见一斑。现在却是大大的不同。丰子恺到西湖边写生，被画的人不但不讨厌，反而给他很大的方便。有一次，他坐在杭州湖滨的石凳上，看见一个老船工坐在湖中的船头上吸烟，姿态甚佳，便对着他画了起来。老船工叼着旱烟筒悠然自得地看山观水，似乎毫不知晓有人正在画他。忽然一个小女孩跑来，叫他一声："爷爷！"他却并不回顾，只说："不可叫我！他在画我！"原来他早就知道丰子恺在画他，正十分自得地扮演着模特儿的角色呢！这又令丰子恺发出一番感慨，他在随笔《杭州写生》中感慨道：新的社会使人与人之间都变得

① 以上所引1948—1949年历史背景资料，均见朱华等著《上海一百年》，上海人民出版社1999年版，第281—303页。

开通了，“解放后人民知识都增加了，思想都进步了，态度都变好了”。

他给夏宗禹写信时说：

> 你说我解放后动起来了，我自己也觉得如此。我觉得现在参加人群，比以前自由得多，放心得多。以前社会上那些人鬼鬼祟祟，装腔作势，趋奉富贵，欺凌贫贱……那些丑态我看不惯，受不了，所以闭门不参加一切团体。（你记得么？南充开画展时，那姓奚的资本家……我真厌恶！）现在出门，大家老老实实，坦白率真，衣服穿得破些也无妨。（以前我最讨厌此事，因为我不爱穿好衣，而社会上“只问衣衫不问人”。）说话讲得率直些也无妨，实在比从前合理得多，放心得多。所以我的私生活也已“解放”了。①

人民的生活水平也发生了明显的改善。至1956年，上海市职工的实际工资比1950年增加22.3%，居民存款比1952年增加1.1倍。1950年，一般的工人家庭收支相抵后，每人平均亏空12.3元；1952年为结余4.77元；1956年则为结余12.1元。②

客观社会环境的变化，使身处其间的丰子恺再也没有了社会险恶、人心叵测的疑惧，因此他再也写不出过去那种“愤世嫉俗的消极诗文”，再也不必人为地到乡间筑起一所避世闲居的“缘缘堂”，因为他所身处的这个外部世界，已是可以与他身心交融的人间佳境了。

然而，外部环境的变化，还只是部分的因缘。此一时期个人生活的变化，更直接地为丰子恺带来尘世生活的欢愉。

解放之初，丰子恺一家的经济情况是比较拮据的，他的身体也不太好。当时，陈宝、林先都已各自成家，有了孩子。宁馨大学毕业后，一直奉母居住在杭州。长子华瞻因在美国选修了俄文，引起当局注目，要停止他的供给，因此

① 《丰子恺文集》，第七卷，第421页。

② 据《上海一百年》，第346页。

已回国就职。次子元草在北平交通大学读书，后来参了军，在沈阳人民解放军373部队从事宣传工作，随军参加了抗美援朝。与丰子恺夫妇一起居住的是幼女一吟和幼子新枚。

香港画展带回来的钱早已用完，以当时上海的形势不可能再开画展卖画筹款。同时由于经济能力有限，求画者也日益减少，这使丰子恺的经济收入大打折扣。其实不仅丰子恺如此，当时上海的画家生活都很艰难。因为书画市场本来就很萧条，刚刚解放，全国战争还没有结束，政府还无暇顾及这些卖画为生的画家，他们便都失业了。有的画家因此去了香港，唐云便是在这个时候去香港开了画展，取得了颇为可观的收入。不久，人民政府拨专款救济画家们渡过生活难关。当时上海的画家如邓散木、来楚生、陈大羽、关良、钱瘦铁等，都曾靠救济款维持生活。

拮据的状况到1953年开始有了好转。这年4月，丰子恺担任了上海市文史研究馆馆务委员，每月薪酬人民币100元。这笔固定的收入使家庭经济大为改观。与此同时，翻译的书稿出版，就有了稿费收入。1960年，上海市文化局又请丰子恺出任上海画院院长，月薪人民币220元，这在当时是很高的薪水待遇了。

经济生活的变化，使丰子恺感受深刻。他在1963年的《新春试笔》中写道：

> 在从前，社会黑暗，弱肉强食，不论是非，欺诈剥削，不讲公道，贪官肆虐，恶霸横行。因此为人在世，提心吊胆，战战兢兢，苟全性命。像我这么一个文人，既无产业，又无权势，全靠教书与写作度日，维持八口之家的生活，天天担心衣食，提防失业，心中常常忧患恐惧，身体怎么会健康呢？我的眼疾，全是由于经常为衣食而写作到深夜所致。[①]

现在的情况完全不同了：

---

①《丰子恺文集》，第六卷，第643页。

> 昔年为生活而惊慌忧惧的滋味，我现在几乎忘记了。我们不须奔走衣食，只管安居乐业，不须提心吊胆，只须安心工作。失业这两个字即将从我们的辞典里删去了。我们的生活终身都有保障……老年知识分子亦可以安度晚年。①

丰子恺欣喜地致书他的台湾旧友，倾诉现今幸福生活的感受。

1954年夏秋之间，随着生活状况的改善，丰子恺起了迁居之心。他是一个不喜聚财而愿享受生活的人，用他自己的话说，是口袋里钱一多，就要叫，颇有祖母及时行乐之遗风。几番比较，他看中了陕西南路39弄93号的一幢西班牙式小洋房，便把它租了下来。这幢房子前后两楼两底，一个亭子间，还有前房客搭建的一个可以住人的三层阁楼。二楼有一个用玻璃窗封闭的外突的室内阳台，上面还有天窗，坐在里面，可以观日赏月。丰子恺便据此为寓所起名“日月楼”，并吟出“日月楼中日月长”的下联。时任浙江省文史研究馆馆长马一浮，为此配了一句“星河界里星河转”以作上联，并用篆书写了这副对联，送给他挂在日月楼中。日月楼虽然没有缘缘堂那样独立宽敞，却是质地、样式均极考究的西式洋房，是丰子恺以前从未住过的好房子，也是他生前的最后一处家居，他在这里一直住到逝世的1975年。丰子恺此前一直迁徙不定，居无定所，即使住得最久的缘缘堂，实际时间也不到五年。因此日月楼中安定悠长的岁月，更令丰子恺感激新的社会、新的生活。

物质生活条件的改善之外，在丰子恺一向注重的精神生活中，他更得到了极大的欢愉。

在丰子恺的心里，有一个对理想世界的憧憬：“天下如一家，人们如家族，互相亲爱，互相帮助，共乐其生活。”然而这样的世界一直未能出现在他的现实生活中。于是，他就像陶渊明虚构“桃花源”一样虚构了属于他自己的“赤心国”。在那个只有五百人的国度里，人人都有赤心，不过大小稍异：王的赤心最

① 《致台湾一旧友书》，《丰子恺文集》，第六卷，第476页。

大，官的赤心略小，民众的赤心又比官的略小。赤心越大，感觉越灵敏，因此王就是最能体谅民心的人。

丰子恺的文艺思想受李叔同的教诲，终身如一，那就是“士之致远者，当先器识而后文艺”。他坚持“曲高和众”的艺术观点，始终把艺术的“美育”功能放在第一位，强调好的艺术必须是能为广大民众所接受的作品。然而，这样的艺术理想，在以往的岁月里，虽有志同道合者的勉力实践，但个人的力量总是有限的，他们竭尽全力的努力，在社会这个汪洋大海中，波澜不兴。

现在，在这个新兴的共和国里，一切都得到了改变。政治的清明，社会环境的彻底改善，新型的人与人之间互助互爱的关系，都令丰子恺欣喜地感觉到，理想中的“赤心国”已经出现在自己的身边！共产党所倡导的“政治第一、艺术第二”“文艺为工农兵服务”的文艺政策，也与他一贯的主张颇有吻合之处。他对广洽法师说：

> 国内文艺，思想第一，技术第二。此理甚正确。忆昔弘一大师教人“先器识而后文艺”，器识即思想，即道德也。①

为此，丰子恺甘愿竭尽全力为建设这个新的社会奉献自己的一份力量。

此外，丰子恺在政治待遇和社会地位上都得到了党和政府的重视，个人价值获得了空前充分的肯定。除了1960年担任的上海中国画院院长外，早在1950年7月，他已出席上海市首次文学艺术工作者代表大会，列席华东军政委员会第二次会议。1954年，任中国美术家协会常务理事、上海美术家协会副主席。1956年12月，当选为上海市人民代表。1958年，任第三届全国政协委员；后曾数次赴京出席政协会议，受到周恩来总理的接见和关怀。1960年7月，任中国对外文化协会上海分会副会长。至1962年5月，又当选为上海市美术家协会主席、文联副主席。他是第三、第四届全国政协委员，上海市第一至五届人大代表，上海市第一至四届政协委员。这些职务和随之而来的活动，使以往那个居

---

①《丰子恺文集》，第七卷，第246页。

家赋闲的丰子恺走出了家门，与时代、与社会紧紧地联系在一起。而这一切，都是他心甘情愿、全身心投入的作为。党和政府的信任、重托和荣誉，激发出丰子恺从未有过的热情，使他真诚地、真心地投入到当时那个激昂、沸腾的时代和社会之中。

新的生活带给丰子恺太多的新鲜和激动。这位恬静、清雅、淡泊的老人，在这个不同寻常的火红的年代里，多次流下了感动的热泪：当他与家人谈到周总理的接见和亲切话语时，当他观看电影《党的女儿》《江姐》时，当他去车站迎接四川省革命残废军人教养院课余演出队并观看这些英雄们的演出时，都有禁不住的热泪夺眶而出。他说："这不是平常的眼泪，这是惭愧、感激、钦佩、崇仰的结晶。我平生没有淌过这样高贵的眼泪。所以我不肯揩拭……"[①]

1958年清明，丰子恺写下了《一剪梅·清明》一词：

> 佳节清明绿化城，草色青青，树色青青。室中也有绿成荫：窗上花盆，案上花盆。　　日丽风和骀荡春，天意和平，人意和平。人生难得两清明：时节清明，政治清明。[②]

时代给予丰子恺很多，丰子恺也作出了丰厚的回报。17年间，据不完全统计，年事日高的丰子恺创作热情旺盛、成果丰硕：

绘画方面，有《绘画鲁迅小说》（一至四册）、《子恺漫画选》、《丰子恺儿童漫画》（有英、德、波兰文版）、《听我唱歌难上难》、《子恺儿童漫画》、《丰子恺画集》。书法有《童年与故乡》、《笔顺习字帖》。文学有《缘缘堂随笔》。艺术理论著作有《雪舟的生涯与艺术》。音乐著作有《音乐知识十八讲》、《近世西洋十大音乐家故事》。译著有《世界大作曲家画像》、《管乐器及打击乐器演奏法》、《蒙古短篇小说集》、《朝鲜民间故事》、《夏目漱石选集》（第二卷）、《石川啄木小说集》、《日本的音乐》。同时还编选了《李叔同歌曲集》《陈之佛画集》《弘一

---

① 《胜读十年书》，《丰子恺文集》，第六卷，第551页。

② 《丰子恺文集》，第七卷，第771页。

大师遗墨》及《续集》(非卖品)。[1]不在这张书目上的，还有这时期翻译的日本古典小说《源氏物语》90万字的译稿。此书于1962年12月12日上午11时开笔，1965年9月29日译毕。不久即赶上了“文化大革命”，未能出版，直到1980年才分三册陆续出版。

此外，还有最令人瞩目的翻译成就。丰子恺于1950年开始学俄文，1951年开始翻译俄文作品。到1957年间，共计出版了13种俄文译著。除屠格涅夫的《猎人笔记》、柯罗连科的《我的同时代人的故事》等外，大多数都是有关当时社会主义国家苏联在幼儿园、小学音乐美术教育方面的著作。

这样的成绩令丰子恺自己也是欣喜异常：“喜的是生逢盛世，老而益壮，年近古稀，还能抖擞精神地担任世界古典巨著《源氏物语》的翻译工作。我自己也觉得可贵。”[2]因此，回想自己六十多年来的生活，现在的感受就像是东晋画家顾恺之吃甘蔗，已由梢头吃到了根上，越吃越甜：“渐入佳境”。

日月楼中虽然没有缘缘堂里的芭蕉樱桃、铁马秋千；日月楼外，却有换了人间的广阔天地可以去遨游。丰子恺打开了多年闭居的家门，走进了那个不再让他感到恐惧的人类社会，身心开放，意气风发。

曾经的缘缘堂里的生活，很精致；现在的外面的世界，却更精彩。

“彻底改造自己，将心交与人民”

但是，如果我们据此认定此一时期的欢愉，就是丰子恺尘世生活的全部，那就与实际情形颇有不符了。

在艺术和佛法的精神空间里潜心居留的丰子恺，在“五十而知天命”之年迎来社会主义的新中国，虽然政治的清明、社会的安定、人民的欢欣，都令他感到前所未有的振奋，个人的生活待遇和事业成就也使他对新政府怀有知遇之恩的感激，但要适应这个以工农联盟为基础的无产阶级政权的意识形态和文化

① 此据《丰子恺文集》第七卷之附录二《丰子恺著译书目》统计。

② 《古稀之贺》，《丰子恺文集》，第六卷，第493页。

观念，多多创作为生产服务、为工人阶级服务的音乐美术作品，却不是一件容易的事。满腔的热情和美好的愿望，都不能替代一个旧知识分子在新形势下所必须经历的客观磨砺和自我调适。

早在1949年的下半年，丰子恺就遭遇了他在新时代里的挫折。

有一次，是在新中国成立之初。他看见一幅画画着一个人拉着大大小小一群羊往前走，便批评作者缺乏生活常识，说其实只要拉一只头羊，别的羊就会跟着走。谁知立即遭到批判，说他是在暗示“不要党的领导”。据在场的人说：“丰先生当时一声不吭，脸色煞白，拂袖而去。”①

还有一次，上海的画家和解放区来的画家在上海中华学艺社集会，丰子恺应邀到场。会上主要由解放区的画家介绍从事革命美术工作的情况。介绍完毕，会议主持人请丰子恺讲话，他就发了言。他首先表示一定要好好学习解放区同志的经验，今后努力为工农兵服务。大家所讲的他讲不出，因为他没有这方面的实践，只能讲点感想。他认为中国传统绘画中的梅兰竹菊四君子，今后还是要画的。因为工人农民劳累了一天，看看花卉，多少可以消除疲劳。说到这里，他指着桌上的一瓶花说：就像今天开会，也摆上一瓶花。这好比一个拳头，反映工农兵是前面四个手指，是主要的；梅兰竹菊好比小指，也是需要的。话刚说完，马上就有人站出来发言，对他进行猛烈的批评。丰子恺没有料到会有这样的结果，他好比被人浇了一盆冷水，顿时闷不作声。

事后，他反复思量，认为自己的话是正理，没有说错。但在这时候说，不合时宜。看来目前新中国所急需的，还不是山水花鸟。需要什么呢？丰子恺便开始适应潮流。②

我们在前面看到的众多的俄文译作，就是丰子恺“适应潮流”的结果。现实的经历让他明白，他以往那种风格的漫画和随笔，似乎都已不合时宜了，它们并不是新中国眼下急需的为工农兵服务、为火热的斗争生活服务的革命文艺。丰子恺反复思量，自己能为新社会做些什么呢？他想到：新中国建立伊始，社

① 方坚：《风雨忆故人》，见《写意丰子恺》，第219页。

② 《潇洒风神——我的父亲丰子恺》，第282页。

会主义老大哥苏联的一切，都是学习和遵从的榜样，因此俄文翻译必是急需的时务。就像当年在东京发现了竹久梦二的漫画一样，丰子恺再次从外国文化中找到了灵感，十分幸运而正确地为自己与现实社会的结合找准了基点。于是丰子恺决定学习俄文。这一年，他53岁。

当时，作出这种改变的并非只有丰子恺。我们都很熟悉的例子是，著名作家沈从文就是从此时起停止了他的乡土小说写作，而“完全投进新的专业之中。五十年代中期，他已经在报刊上发表文章，研究中国物质文化中饱含的实物艺术与民间习俗的特点，研究建筑，研究北京城的历史文物遗存，研究考古学必须文献与实物相配合……”为什么不写作了呢？因为“要求变了，很容易犯错误”[①]。

丰子恺对外文有特殊的爱好和学习的天赋。在《我的苦学经验》一文里，他曾详细介绍过自己学习英文、日文的经验和取得的快速进步。现在又是一次苦学的实践了。学习语言，丰子恺的要求就是：快。在他看来，语言文字不过是求学问的一种工具，不是学问的本身。如果把时间都花费在工具的学习上，那一辈子都不可能研究多少学问了。更何况现在的形势更是时不我待。他的方法就是不守成规，只取实效。他学俄文，只拿了一本小小的《俄语一月通》，以不到一月的时间学完之后，就直接拿起俄文文学原著来死读硬啃了。因为他的目的，是要做俄文文学艺术著作的翻译，所以就取了这条艰辛的“捷径”来走。先是读高尔基短篇小说的中俄文对照本。继而读托尔斯泰的《战争与和平》，9个月时间读毕。不久又读完了屠格涅夫的《猎人笔记》，而且居然花5个月零5天的时间，将此书译出了31万字的中文本，由文化生活出版社于1953年出版。1955年，又被人民文学出版社列入“外国古典文学名著丛书”，重新出版。

丰子恺俄文翻译最多，也是最直接地服务于时代、社会之需的，是苏联美术、音乐艺术教育方面的作品。当时，新中国刚刚成立，艺术教学应该怎样开展，谁都不清楚。以美术教学来说，学校的图画课是一律配合政治，教学生画

① ［美］金介甫著，符家钦译：《凤凰之子：沈从文传》，中国友谊出版公司2000年版，第413、414页。

政治漫画或宣传画，还是仍旧注重基础教学，从写生画教起？对此，学校教师都心中无数，无所适从。叶圣陶当时担任人民教育出版社的社长，他就鼓励丰子恺翻译苏联艺术教育方面的书。这些书出版后，对当时的中小学艺术教学产生很大影响。本来教学生画苹果、花瓶，是要挨批评的；现在读了苏联的书，方才明确地认识到，还是应该教写生画。不少教师写信给丰子恺说：原来苏联教师教图画，也是从静物写生开始的。读了你的译书后，我们再也不必硬找初学图画的儿童所不会画的政治漫画来做教材了！①

丰子恺夜以继日地伏案劳作，却并非只是为了生计。从他1951年5月3日致夏宗禹的信中，可以看到他此时的所思所想：

> 我现在身体比前稍差，每日工作超过八小时，便觉吃力。但是在八小时内是不吃力的。我一半时间学俄文（开会太多，每星期至少有三四次），一半时间翻译音乐稿（最近正在译苏联写实主义音乐）。我对画失却了兴味，对文学也少有兴味，对音乐最爱好。这不是从前的“任情而动”，却是有计划的：我以前七搭八搭，文学，绘画，音乐，宗教，教育……什么都弄，像马浪荡一样，结果一事无成。解放后，我来一次检点，结果，我认为中国最需要的是苏联文化和音乐。前者为文化交流，后者为鼓舞民气。因此我屏绝其他。而专攻俄文及音乐，想好好地利用我的残年来为新中国人民服务。②

丰子恺的身体确实因此受到了损害。他患了脑贫血症，有时会突然失去知觉，晕倒在地。有时患风痛，不能坐立，需躺卧在床。

此一时期的绘画、随笔创作，都停止了。一方面是由于对新的生活体验不足、把握不住，另一方面也是怕影响俄文翻译工作。因此他在给夏的信中称自己对画失却了兴味，对文学也少有兴味。当时，《人民日报》两次约他的画稿，

---

① 《潇洒风神——我的父亲丰子恺》，第286页。

② 《丰子恺文集》，第七卷，第424页。

都被他谢绝了。1951年3月5日，《人民日报》发表了批评他漫画的文章，文章中用了他以前的漫画，报社为此致稿酬16万元。当时经济颇为拮据的丰子恺，却把这钱拿去送给了志愿军。因为他心里猜想，报社的这个做法，也许是想引诱他投画稿的兴味。“但我坚决不画”，他在5月3日给夏宗禹的信中说。可见其态度之决绝。

转眼间便到了1956年。

1956年是一个春风如煦的好年头，上海更是一派蒸蒸日上的兴旺景象。

在1949年到1956年的短短七年内，上海完成了对资本主义工商业、农业和手工业的社会主义改造，国营经济、公私合营经济、合作经济在全市经济中占有了绝对地位，提前完成了总路线规定的向社会主义进军的伟大任务。在这个巨大的经济制度转型中，由于党和政府领导有力，社会经济几乎没有出现任何明显的震荡。1956年全市工农业总产值比1955年增长35%，社会商品零售总额增长13%，仅农业因遇严重自然灾害而有所下降。

1956年1月，中共中央召开知识分子会议。周恩来代表党中央作了著名的《关于知识分子的报告》，明确宣布我国知识分子的绝大部分“已经是工人阶级的一部分”，并指出，党内在知识分子问题上的主要问题是低估了知识分子在政治上、业务上的巨大进步，低估了他们在社会主义事业中的重大作用。因此，必须改善对于知识分子的使用和安排，给予他们应有的信任和支持，给予必要的工作条件和生活待遇、政治待遇。接着，中央发出了《关于知识分子的指示》。4月，毛泽东提出我国繁荣文学艺术、发展科学的“百花齐放、百家争鸣”方针和与民主党派“长期共存，互相监督”的方针。7月，中国共产党上海市第一次代表大会召开。周恩来在这次会议上强调指出，在目前的国内外形势下，“专政要继续，民主要扩大”，要“敢让非党员、民主人士和资产阶级代表看我们工作中的缺点、偏差。只要不是恶意的，即使看错一点看偏一点也不要紧”，“政府应该让人民代表批评自己的错误……允许唱‘对台戏’”。同年9月举行的中共八大又进一步指出，国内的主要矛盾已不再是阶级矛盾，全国人民的主要任务是发展生产力，要进一步扩大社会主义民主。

中国共产党这一系列正确的方针政策，在上海引起热烈反响。根据中央精神，上海市委很快制定了上海市1956—1957年知识分子工作纲要。在市政协等单位召开的一系列关于“双百”方针的座谈会上，许多民主人士畅所欲言，由衷地表示拥护这一方针，并对过去不符合这个方针的某些现象提出了坦诚批评。上海的政治空气宽松活跃。①

这样和煦的春风，这样兴旺的景象，给丰子恺注入了创作的旺盛活力。这一年，丰子恺的漫画、随笔又都有新作出现在《文汇报》《光明日报》《解放日报》《北京晚报》《人民中国》及香港《大公报》等各大报刊，漫画有《众人拾柴火焰高》《互防变为互助》《老年工人的今昔》《船里看春景》《城中好高髻》等，随笔有《敬礼》《代画》《谈“百家争鸣”》《元旦小感》等。

《谈“百家争鸣”》一文就“双百”方针而论。作者用美术上的“补色调和”和“多样统一”来比喻“双百”方针，表达了自己衷心拥护的态度。在文章最后，作者坦陈己见：

> 在解放前的混乱时代，我们的文化界是多样而不统一的；在初解放的时期，我们的文化界是统一而不多样的。今后，在“百家争鸣”的号召之下，一定会出现多样统一的美满状态。②

《元旦小感》则从他自己的一幅漫画新作《城中好高髻》谈起。

1956年11月25日，丰子恺在《新闻日报》上发表了此画。画中是三个奇形怪状的女人，一个头上梳着一尺多高的发髻，一个眉毛阔得占了半个额头，一个袖子既长且大，足有七八尺之巨，拖在地上还得转个弯堆起来。画题是：“城中好高髻，四方高一尺。城中好广眉，四方且半额。城中好广袖，四方全匹帛。”画题下面的小字为：“《后汉书·长安城中谣》。注云：改政移风，必有其本。上之所好，下必甚焉。”

丰子恺对当时社会上已经形成的浮夸媚上的风气十分反感。因此在画了此

① 详见《上海一百年》，第335页。

② 《谈“百家争鸣”》，《丰子恺文集》，第六卷，第423页。

画以示警醒后，仍觉言犹未尽，于是又作这篇《元旦小感》，发表在1957年1月1日的《文汇报》上。文字可以比漫画更直白，他在文中说："近来有些号召提出之后，我似乎看见社会上有许多同这三个女人一样奇形怪状、变本加厉的情况，因此画这幅画。我但愿一九五七年以后不再有这种奇形怪状、变本加厉的情况出现。"①

另外的几篇随笔，《敬礼》是以两只互助的小蚂蚁为题材，表达对渺小动物间"这样深挚的友爱之情、这样慷慨的牺牲精神、这样伟大的互助精神"②的敬意。《代画》讲的是作者在马路旁看见电线杆上靠着一架梯子，穿着一根铁链，用一把大锁锁着，善于以小见大的丰子恺顿觉触目惊心。因为这把锁"疑心每一个行人都是偷梯贼。它侮辱所有的行人，包括你和我"，所以"这东西同在闪亮的电灯光中展示着社会主义先进国家的人民的光明幸福和平美丽的生活状态的画廊多么不调和！"③他甚至把它看作是"人间羞耻的象征"。虽然觉得写这样的事太辛酸了，太丑恶了，似乎要不得，但是他"隐约听见耳朵边有恳切的低语声：要得，要得！中国在进步，人类在进步，世界在进步。只要大家努力，这把铁锁终有一天会废除，这个人间羞耻的象征终有一天会消灭！你从前所作的讽刺画上不是有一个'速朽之作'的图章吗？希望你在这幅画上也盖上这个图章。希望它速朽"④。

然而好景不长。到了1957年，新的问题出现了。比如工人与资本家的矛盾，领导干部的工作作风问题带来的学生罢课、工人罢工请愿等。仅1957年春夏，上海市发生闹事的单位就有587家，参与者28000多人。

这些新的社会矛盾的出现，加上国际共产主义运动的经验教训，使中共中央决定在全党进行一次以正确处理人民内部矛盾为主题，以反对官僚主义、宗派主义和主观主义为内容的整风运动。上海市于1957年4月拉开了整风运动的序幕。不久之后的6月8日，中共中央又下达了《关于组织力量准备反击右派分

---

① 《元旦小感》，《丰子恺文集》，第六卷，第427页。
② 《敬礼》，《丰子恺文集》，第六卷，第503页。
③ 《代画》，《丰子恺文集》，第六卷，第506页。
④ 《代画》，《丰子恺文集》，第六卷，第507页。

子进攻的指示》。上海市委迅速采取行动，一场声势浩大的反右派斗争很快在上海全面展开。

在反右运动中，丰子恺没有被划为右派。但他的《城中好高髻》等作品在内部受到批评，说他不歌颂社会主义，反而去描写黑暗面；不写工农兵形象，只写些动物。于是，他又有意识地将时间精力投入到了俄文翻译中。

其实丰子恺一直在努力。就像当时许许多多的老知识分子一样，他努力地改造着自己，以图跟上时代和社会的步伐；努力地尝试着奉献自己的残年来为社会主义服务，为工农兵服务。

1958年3月，他书写了陈毅市长所撰的对联“努力改造自己，将心交与人民”，作为自己的座右铭。1958年11月，他为四川省革命残废军人教养院课余演出队写下《胜读十年书》一文。文中写道，当他握着一位断了双手的英雄的腕时，激动得一时不肯放手，“恨不得立刻把自己的手扯下来装在他的腕上”。在回家的路上，他想：“我今天不是来欢迎，是来上课。我上了一堂最充实的社会主义教育大课。上这一堂课，胜读十年书！”他为演出队画了一幅菊花图，上题“最耐寒的黄花献给最坚强的英雄”。

1961年秋，丰子恺随上海政协参观团赴江西，访问了江西革命根据地，写下一组三篇随笔《饮水思源》《化作春泥更护花》《有头有尾》。仔细地读这些文章，今天的我们可以读出关于那个时代的许多丰富的内涵，而这些当然都不是丰子恺所能料想的。他的记述绝对诚挚而又饱含深情。我们且不论文中所述此行对他所起到的重大革命教育意义和由此引发的深刻思想认识，只摘录以下文字，即可见其之虔诚了。《饮水思源》中说：

> 有一次，我在上井冈山的途中患病了，在兴国的招待所里躺了一天。虽然是医生照顾得好，但一半是江西人民的革命精神的感召，使我次日就退热，终于赶上队伍，上井冈山。我平日在家里，一经发烧，就要缠绵床褥至十余天之久；这次立刻复健，显然是受了革命精神的感召了。

1962年是毛泽东《在延安文艺座谈会上的讲话》发表20周年，上海市举行第二次文代会。丰子恺与会，并作大会发言，他开篇即云：

> 记得1950年开市第一次文代大会时，我的胡须是灰色的。现在开市第二次文代大会，我的胡须已经白了，但我的人却红了。因为我已是劳动人民的知识分子了，这岂不是红了吗？“朱颜白发”正是一幅好画。[①]

当时的背景是，经过1957年开始的“大跃进”“共产风”之后，到1961年，上海的社会经济陷入了新中国成立后前所未有的困难之中。工业总产值从上年的310亿元跌落到189.95亿元，下降了38.8%，1962年又继续下滑到150.23亿元。人民生活水平大幅度下降。市民每人每月的定量供应物品一度减到食油1两、肥皂半块或1/4块、棉布半年2.65尺，食盐、酱油、卫生纸、煤球均实行定量凭证供应。

为了克服这严重的困难，根据中央提出的“调整、巩固、充实、提高”八字方针，上海从1961年开始进行国民经济调整。在国民经济调整初期，根据中央有关精神，上海市委对政治关系也进行了适当调整。大部分“右派分子”在这一时期被摘除帽子，未摘帽的也被适当改善生活待遇。

自1959年反右倾开始以来，上海意识形态领域一直存在着“左”倾迹象。已有“棍子”之称的姚文元之流在文坛上盛气凌人、骄横异常。1961年6月，周恩来在文艺工作座谈会和故事片创作会议上，批评文艺工作中“左”的思想，强调要“造成一种民主风气”，反对“乱戴帽子”。接着，中央下达《关于自然科学工作研究机构当前工作的十四条意见（草案）》，强调必须在学术研究工作中坚持“双百”方针，对这几年来批判错了的人，要进行平反甄别。1962年3月，周恩来在广州召开的科学工作座谈会和剧本创作座谈会上作了《论知识分子问题》的重要讲话，恢复了1956年知识分子会议对我国知识分子的正确评价，并代表中央对过去受到错误批判的知识分子作“总的道歉”。就在这次文代会上，出席会议的上海市委领导石西民对过去存在的过火批评问题，向与会者

---

① 《我作了四首诗——在上海市第二次文代大会上的发言》，《丰子恺文集》，第六卷，第629页。

表示歉意，并提出要纠正“左”的做法，提供一个良好的自由的创作环境。会议代表纷纷畅所欲言，直抒己见，对意识形态领域存在的粗暴风气，特别是一贯以“左派”批评家自居的姚文元之流，进行了坦率的批评。这次会议在私下有“出气会”之称。[①]著名作家巴金在会上作了题为“作家的勇气与责任心”的发言，丰子恺正是接了巴金的话题，在他之后上台说了上面的一段话。

但话至此并没有完，丰子恺继续用他一贯的形象思维作了一番感性的言谈：

> 百花齐放已经号召了多年，并且确已放了许多花。但过去所放的，大都是大花、名花，大多含有意义。例如梅花象征纯洁，兰花是王者之香，竹有君子之节，菊花凌霜耐寒。还有许多小花、无名花，却没有好好地放。“花不知名分外娇”，在小花、无名花中，也有很香很美丽的，也都应该放，这才是真正的“百花齐放”……种冬青作篱笆，本来是很好的。株株冬青，或高或矮，原是它们的自然姿态，很好看的。但有人用一把大剪刀，把冬青剪齐，仿佛砍头，弄得株株冬青一样高低，千篇一律，有什么好看呢？倘使这些花和冬青会说话，会畅所欲言，我想它们一定会提出抗议。

1962年8月，丰子恺在《上海文学》第35期发表了《阿咪》一文，写家中所养小猫阿咪的趣闻逸事。丰子恺喜欢猫，是他的禀性，更是遗传。其父丰𫓩就很爱猫，每当晚酌时，他那只爱猫总是端坐在酒壶旁，与他分享豆腐干的美妙滋味。丰子恺养过很多猫，也多次为猫写文绘画拍照，乐此不疲。解放以后，他自知这种情趣文章与新形势不相合，也就作罢不写了。然而“直到最近，友人送了我这阿咪，此念复萌，不可遏止。率尔命笔，也顾不得世道人心了”。[②]这一个“顾不得”，让我们看见了丰子恺的本性流露；《阿咪》这篇随笔，同样让我们重睹了丰子恺过去的文采和风韵。

且看文中的这一段：

---

① 详见《上海一百年》，第360、361页。

② 《阿咪》，《丰子恺文集》，第六卷，第615页。

> 写到这里，我回想起已故的黄猫来了。这猫名叫“猫伯伯”。在我们故乡，伯伯不一定是尊称。我们称鬼为“鬼伯伯”，称贼为“贼伯伯”。故猫也不妨称为“猫伯伯”。大约对于特殊而引人注目的人物，都可讥讽地称之为伯伯。这猫的确是特殊而引人注目的。我的女儿最喜欢它。有时她正在写稿，忽然猫伯伯跳上书桌来，面对着她，端端正正地坐在稿纸上了。她不忍驱逐，就放下了笔，和它玩耍一会。有时它竟盘拢身体，就在稿纸上睡觉了，身体仿佛一堆牛粪，正好装满了一张稿纸。[①]

丰子恺哪里料得到，他这种口无遮拦、闲谈赏玩的文人风韵，却是犯了政治上的大忌，不仅是因为措词的随意和风趣，更以“猫伯伯”的描述而被人指为具有含沙射影的险恶用心。当然，这都是后话了。在1966年以前，丰子恺虽有文章受到内部议论甚至批评，但与其他知识分子相比，他还是十分幸运的，在大大小小的历次政治运动中，他都没有受到牵连。相反，不论是政治待遇还是社会威望，都与日俱高。

广洽法师

广洽法师是丰子恺此一时期的密友。虽然丰子恺与他自1948年厦门别后，直到1965年才再次见面，但其间二人鸿雁传书，交往密切。弘一法师虽然早已生西，但他生前结成了丰子恺与广洽法师间的因缘。此时，远在新加坡的广洽法师接替弘一法师，为置身喧哗浮世的丰子恺接续着梵天佛国的胜缘。

17年间，二人合作的主要事宜，大都离不开弘一法师。

在厦门作《护生画三集》时，丰子恺曾对新加坡来的广洽法师说：十年后当再作第四集80幅。但深恐人生无常，世事多磨，今后当随时选材，预先作画，陆续寄往新加坡，请广洽法师代为保存，并加督促。1960年9月，《护生画

---

① 《丰子恺文集》，第六卷，第617页。

四集》在新加坡广洽法师的精舍薝蔔院出版。诗文由上海朱幼兰居士书写。

1965年，丰子恺检阅画稿题材，已近《护生画五集》所需的90幅，广洽法师也来信劝其提早编绘。于是丰子恺据各方提供的素材加以润饰，又经自己的补充，绘成了90幅画稿。这次他请了已在北京工作的虞愚居士书写，然后将书画寄交广洽法师集资刊印，于1965年9月出版。

弘一法师生西后，一部分骨灰从福建泉州送到杭州虎跑寺后山埋葬。1953年，丰子恺到杭州祭奠法师，得知当时虎跑寺方丈宽愿无力为法师建纪念碑，就决心自己出资立碑。为此，他捐出了《李叔同歌曲集》一书的全部编辑费。后来，钱君匋、章锡琛、叶圣陶及浙一师同学黄鸣祥、厦门友人蔡吉堂等人得知后，也自愿出资。于是便合资在骨灰瘗埋处建造一座纪念石塔，并于次年1月落成。广洽法师闻讯后，又于1957年集净财捐赠，在石塔周围修筑了围墙、栏杆，便于祭扫。

1965年，广洽法师回国观光。丰子恺陪他到杭州，在纪念塔前拜祭了弘一法师。此外，又到上海、苏州等地游历，历时三周。

数年之中，广洽法师在海外出版了《弘一大师纪念册》（1957）、《护生画集》多册，并集资协助丰子恺出版了《弘一大师遗墨》（1962）和《弘一大师遗墨续集》（1964）。

在两人的交往中，除纪念弘一法师外，丰子恺还应广洽法师之邀，为新加坡、中国香港等地区的华侨、居士、僧徒等人作了不少绘画作品，以及书法、题签、封面设计等。

鉴于当时的国内形势，丰子恺从事这些佛事活动时，还是心存顾虑的。在给广洽法师的信中，我们不断可以看到丰子恺对“政治思想”的要求。如1960年8月31日函：

> 题签、作封面等……苟无政治思想问题，皆应命。有的技术不甚高明，但政治思想正确，拥护政府，不反革命，则弟亦就命，以资鼓励。

《护生画四集》编绘好后，丰子恺于1960年9月23日致信广洽法师，内言：

此书刊行，请对外言法师主动。……盖弟在国内负责文教工作，理应先著与社会主义革命及建设有关之书物，不宜先刊“护生”集，并在海外出版也。

同年10月17日，又为此致函广洽法师，再次表明《护生画集》乃“法师主动刊印”。

除了上述的佛事因缘外，广洽法师还在物质生活上给予丰子恺极大的资助。当时国内物资匮乏，他几乎不间断地给丰家汇来钱款物品，极大地丰富了丰子恺的物质生活。

丰子恺对广洽法师的馈赠感到“异常歉愧”，对法师的高情厚谊深深地感怀于衷。为此，他为法师，为海外侨胞，亦为新加坡、中国香港等地的佛教界人士绘制了大量作品，以作回报，“以结善缘”。

第八章　苦海归舟

岁晚命运恶，病肺又病足。日夜卧病榻，食面又食粥。切勿诉苦闷，寂寞便是福。

——丰子恺

在劫难逃

丰子恺一生都在慨叹人生的无常和命运的不可把握。然而事实上，在以往的岁月中，他还是把握住了自己的命运。而且在这把握中，不时有明智的慧光闪过，将他的生命推到了超越常人的高度而成为万众瞩目的名人。

但是归根到底，个人的命运确实不是自己能够完全把握的。1966年，丰子恺在他将近七十的古稀之年，遭逢了命运的浩劫，致使他从欢愉的尘世生活的顶峰，跌落到磨难的苦海深渊。

这年6月的一天，画院里来人请丰子恺，说画院里有人贴了他的大字报，请他去看一看，一吟就代父亲去了。从此，“文化大革命”这出长达十年的人间劫难，就在丰子恺的生活中，拉开了帷幕。

大字报署名“一群工人”，内容针对《阿咪》一文，说此文中的“猫伯伯”影射“毛伯伯”，攻击的正是伟大领袖毛主席。

《阿咪》是丰子恺在这场“文化大革命”中首当其冲的“罪状”。此后，随着“运动”的发展，“群众觉悟”的“提高”，批判的日趋“深入”，丰子恺的罪名也就越挖越多，越批越深。守在丰子恺身边的一吟，真是越看越不明白了。

1956年发表的《城中好高髻》一画，被指责为恶毒讽刺、攻击党的领导和党的各项方针政策。《代画》一文是丑化新社会，攻击无产阶级专政。1962年文代会发言中提到的那把剪冬青的大剪刀，是明目张胆地抵制毛主席的革命文艺路线。

一些风景画也成了毒草：《船里看春景，春景像画图，临水种桃花，一株当两株》，是描绘桃花水中倒影的春景图，只因画家为配合形势，在画中添上了“人民公社好”的标语，于是便成了恶毒污蔑攻击人民公社如水中桃花般虚幻、反对“三面红旗”（总路线、大跃进、人民公社）的毒草。

《大儿锄豆溪东，中儿正织鸡笼，最喜小儿无赖，溪头看剥莲蓬》，写辛稼轩词意。可是却被批作鼓吹单干、宣扬个人发家致富的小农经济思想，反对走人民公社的集体道路。

《听我唱歌难上难》一书原是中国少年儿童出版社约请丰子恺画的一册幼儿读物，内容是帮助幼儿辨别正误。例如正确的一页上画“东方出了个红太阳，爸爸抱我去买糖”，错误的一页上便画“西方出了个绿太阳，我抱爸爸去买糖”。“文化大革命”时，把毛主席比作“红太阳”。批判者单取“西方出了个绿太阳”一幅，也不标明是哪一年所作，诬称作者的意图是和“红太阳”唱反调。其实，此书出版于1957年，那时还没有把毛主席比作“红太阳”。

《昨日豆花棚下过，忽然迎面好风吹，独自立多时》，这幅写古人词意的画，作于1962年，那时正是蒋介石在美国霸权主义者支持下企图反攻大陆甚嚣尘上的年头。“忽然迎面好风吹”，这“好风”便被指责为是指反攻大陆的消息。

就连丰子恺去参观江西革命根据地后所作的《有头有尾》一画，也成了“大毒草”。这原是借赣州名菜“鱼头鱼尾羹”为题而颂扬革命的。题词中有诗句云：“有头必有尾，有叶必有根。有始必有终，坚决不变心。革命须到底，有志事竟成。”但“鱼头鱼尾羹”中间是打碎的蒸鸡蛋，并无鱼身。于是，这幅画便被说成“影射革命虚假”，对革命怀有刻骨仇恨。[1]

---

① 《潇洒风神——我的父亲丰子恺》，第320—322页。

一吟越看越不明白，丰子恺更是又紧张又糊涂。他弄不明白周围一些原本那么熟悉恭敬的人，怎么一下子就那么陌生了呢。他们变成了“革命群众”，变成了“造反派”，一个个跟他仿佛突然间有了深仇大恨似的结了怨，不是对着他横眉立目地怒吼斥责，便是将他推倒在地拎起皮带狠狠抽打。批斗会更是一场接一场，丰子恺搞不清那些名目繁多的“革命造反”组织和团体，他只知道谁都可以随时随刻地冲进他的家里来抄家，谁都可以不分白天黑夜地把他拉出家门去批斗，逼着他承认这幅画里有影射，那篇文章是毒草。罪名越来越多，性质越来越严重，脖子上的牌子越挂越大，头顶上的帽子越戴越高。他只觉得世界在刹那间失衡，社会没有了秩序，人们失去了理智，他和家人则被完全剥夺了基本的人格和尊严。惶惑、恐惧、紧张、屈辱、不平……种种感受交织在一起，丰子恺真是后悔啊！他后悔当初答应做这中国画院的院长，以致遭受今日这番无妄之灾！

那是在1956年，国务院总理周恩来在最高国务会议上提出，要在北京和上海两地各建一所中国画院，并提议上海的中国画院可由华东地区的著名中国画家组成。经过一番筹措，北京中国画院先行成立，由著名京派山水画元老叶恭绰担任画院院长。而上海中国画院，却经历了一番颇为曲折的筹建过程。

鸦片战争之后，上海成为中国最大的商埠，来上海以画为生的画家日益增多，绘画团体应运而生。随着一百多年来的发展演进，海派画家自成气候，上海成为具有全国影响的绘画中心，而在南方地区，更是可称翘楚。因此在上海成立中国画院，十分必要。

1956年8月3日，“上海中国画院筹备委员会”成立，筹委会由赖少其为主任，唐云、潘天寿、王个簃、谢稚柳、刘海粟、伍蠡甫、吴湖帆、傅抱石、贺天健、陈秋草等均为委员。据当时的“上海中国画院实施方案”，第一批聘请入院的画师有专职和兼职两类，共69人，基本荟萃了当时华东地区最具影响的书画家。

画院院长的人选成为关注的焦点。当时上海的画家中，有两个人选，一位是吴湖帆，另一位是贺天健。两位均是书画诗词无所不精的大家，且自成一派，学生众多，但积怨已久，隔阂颇深。直到1957年春天，在赖少其的调解劝说下，二人方始握手言和，当时的报纸都以显著位置刊登了这一消息。于是，吴湖帆为院长，赖少其、傅抱石、贺天健、潘天寿为副院长的提名，得到了有关方面领导和画院画师们的一致认同。

然而，就在画院即将正式成立之际，有人以吴湖帆是大官僚、大地主出身，上海中国画院用人不当为理由，对画院的组阁和筹建工作提出了非议，很快引起有关领导的高度重视。与此同时，1957年反右政治风暴逼近，尚未正式成立的画院被视为上海美术界右派的腹地。画院首批聘请的69名画师中，一开始有9人被划为右派分子，多为上海地区的一流书画高手。而吴、贺握手言和一事，则被认定是右派联合"向党进攻"。随着反右斗争的扩大化，上海中国画院的问题也被不断深化。

这样一直拖延下来，直到1960年6月，上海中国画院才正式宣告成立。丰子恺就是于此时，在有关方面的再三敦请之下，出任院长的。

当时，上海文化局局长徐平羽请丰子恺出任画院院长，遭到坚辞。丰子恺一向喜欢且习惯于在家赋闲，加之当时那么复杂的政治背景和人事关系，更令他不愿涉足。但文化局认为丰子恺德高望重、学贯中西，画风既近似于中国画，而又不是中国画，因此请他担任中国画高手如云的画院院长，最为合适。他们锲而不舍，多次上门盛情相邀。丰子恺实在是盛情难却，也不能再却，便提出条件：不坐班，只参加重要的会议；不受薪水。文化局同意他不必坐班，但薪水不能不受，并定月薪220元，按月派人送来。头两个月的薪水都被丰子恺退回了。到第三个月，实在推却不了，只得拿了薪水，成了这画院的院长。①

丰子恺在上海开始他的艺术生涯，上海更是他为发展中国美术事业尽心竭力的主要舞台。现在上海成立中国画院，丰子恺当然感到由衷的高兴。为贺画院成立，他特意填词一首：

满庭芳

彩笔生花，丹青竞秀，艺园自古辉煌。优良传统，源远潮流长。人物

① 有关上海中国画院的介绍，参见戴小京著《现代山水画大师吴湖帆》（上海教育出版社2000年版）、郑重著《唐云传》（东方出版中心1999年版）、丰一吟《潇洒风神——我的父亲丰子恺》的有关内容。

曹衣吴带，山水夸北李南王。三千年古为今用，进步永无疆。　　无双。新中国申江画院，展幕堂皇。看红旗影里，满目琳琅。图写河山锦绣，为人民祖国争光。争进取，百花齐放，岁岁满庭芳。[1]

上海一批著名艺术家、学者相继被公开点名批判。上海音乐学院院长贺绿汀，上海京剧院院长周信芳，中华书局上海编辑所总编李俊民，上海市电影局副局长瞿白音，复旦大学教授周谷城、周予同，华东师范大学教授李平心、王西彦等人，一个接一个成为“资产阶级反动学术权威”。接着，“革命”在大中学校爆发。短短一两天里，上海各大学一般都贴出了两三千张大字报。8月上旬，上海各高等学校开始出现体罚、武斗“牛鬼蛇神”的野蛮现象，许多人被戴高帽子游街、罚跪。最重的高帽子有十多公斤，高度则有超过两米的。被斗争者稍不顺从，便遭拳脚相加。

8月22日，电台广播了北京红卫兵从19日起“杀”向社会，大破“四旧”即“旧思想、旧文化、旧风俗、旧习惯”的消息。上海学生立刻仿效，冲上了街头。一些企业职工、机关干部也紧紧跟上。大街小巷，随处可见戴着红卫兵臂章，或是扛着革命造反派旗帜的队伍。扫“四旧”很快又发展成抄家。由于搜查到一批收发报机、枪支弹药，以及国民党的旗帜、证章、文件等物品，这股势头很快在全市蔓延，持续了一个多月。

1967年2月24日，上海人民公社改名“上海市革命委员会”，“四人帮”成员张春桥登上主任宝座，姚文元、徐景贤、王洪文为副主任。从此，张春桥一伙严密控制上海十年之久。十年之中，各种冤假错案层出不穷。

文化界更是成了重灾区，许多著名文化人士受到非人折磨，有些甚至被迫害致死。

就是这样的一个年代，就是这样的一个上海，像丰子恺这样的人难道不当画院院长，就能脱得了干系吗？在当时印发的“批斗丰子恺专刊”上，我们可以看到“十万人斗争丰子恺”的醒目标题。因此，区区画院，算得了什么？全

---

① 《丰子恺文集》，第七卷，第778页。

中国都已是罗网遍撒，丰子恺，你又能往何处遁身？

苦　酒

有一天中午，他回到家里，神色异常阴郁。数十年来每餐必饮酒的习惯早已被迫戒除多日，这一天他坐到食桌边，一言不发。我给他端过一碗饭去，他推开了，破例要求喝一杯，母亲怕他酒后出事，要我浅浅地倒了一杯给他。他端起杯子，紧蹙眉头，良久，忽而又停杯投箸。

“爸爸，你今天怎么啦？”我惶恐地问。

“他们逼我承认反党反社会主义，说如果不承认，就要开大规模的群众大会来批斗我……我实在是热爱党，热爱新中国，热爱社会主义的啊！可是他们不让我爱，他们不许我爱……”他哽咽着说不下去了，大滴大滴的眼泪落入他面前的酒杯里。爸爸猛端起酒杯，连酒带泪，一饮而尽，然后长叹一声，泪如雨下。他掏出手帕，捂住了脸，呜咽不能成声。

一杯苦酒定乾坤。从此，丰子恺的心态完全改变了：

这天中午，他就好比用酒饯别了十多年来朝夕相处的一位老师，悲痛欲绝。自此以后，他似乎横下了一条心，对一切冷眼旁观，处之泰然。无论多么无情的批斗，无论多么残酷的折磨，都不再触动他的心灵。

以上一吟的回忆让我们看到了丰子恺彼时彼地心态变化的痕迹。此后，他似乎对批斗无所谓了。比如：他被剪去蓄了几十年的长须，却满不在乎地说：“野火烧不尽，春风吹又生。”他被带到浦东去接受批斗，晚上在黄浦江上坐船，回来后却幽默地称之为“浦江夜游”。

画家俞云阶当年与丰子恺同住“牛棚”，据他回忆，在牛棚里：

当时，国无国法，“棚”却有“棚”规。每天，我们必须清晨五点到

"牛棚"，去作早请示；回家时，胸口挂的"牛鬼蛇神"标志牌不让摘下，以便使我们的"资产阶级思想"让路人皆知。我可受不了，一出"牛棚"便把牌子扯下塞入口袋，免得让家人心惊胆颤。

丰先生似乎永远戴着牌子。一次，我乘26路电车，恰逢他从陕西路站上车，胸前赫然戴着"反动学术权威丰子恺"的标志牌，车上许多人围着他起哄，有人高喊打倒他；丰先生并不在意，自管自紧拽车顶扶杆，纹丝不动，眼睛定定地眺望窗外，人站得笔直，像块厚实的木板。我想，他也许真的四大皆空了。①

至今没有更为详尽的资料可以表明丰子恺在狂飙突起时和态度转变前后的心路历程。我们据他惯常的为人处世和个性来估测，当时的丰子恺对于那些指责和批判，想必经历的是一个由紧张惶惑的接受，认真细致的反思以至淡然面对、随遇而安的过程。

丰子恺不是超人，更不是神。他不可能在这场运动的初期，就看到事情的本质。同时，丰子恺更是一个认真、执着、律己甚严的人，对于"革命群众"指斥他的种种"罪行"和批判，他在紧张惶惑的接受之外，必定还有深刻的内心反思：我确实反党、反社会主义、反毛主席了吗？我的作品确实有毒吗？多年来一直以"努力改造自己，将心交与人民"为宗旨的丰子恺，紧张而认真地反思着自己的思想、作品和言行，诚惶诚恐地接受着"革命群众"的批判。

此时，他站在真诚检讨自己的立场上。

然而随着运动的发展、批斗的升级，事态越来越清楚地呈现出它残酷、野蛮、无序和荒诞的本质。丰子恺不仅看穿人生，更通晓历史。历史是一面明镜，照得出世态万象。决定命运的主动权既然不在自己手里，那么事情就反而简单了：癫狂且由他人去，我自守住心灵。

纷繁的世事到了丰子恺这里，往往会有相似的解决之道。抗战时期备受风霜之苦的流离，在丰子恺看来，是"萍乡以后皆旅行，非逃难矣"。这与此时的

---

① 方坚：《风雨忆故人》，见《写意丰子恺》，第218页。

“浦江夜游”“野火春风”之语实是异曲而同工。“外道天魔冷眼看”“禽鸟声中闻自性”，伴随他一生的宽宏、谦退、忍让的佛门智慧，赋予他心灵救济的法门，使他能够随时随地地将人事万物置于佛法的普照之下，冷眼观世，苦中作乐。

至此，丰子恺摆脱了最初的紧张惶惑，超脱而又淡定。他的躯体虽然还在浊世的无奈中沉浮，而他的内心，却已有了一番新的寄托。

遥远的石家庄

小儿新枚出生于1938年，丰子恺时年41岁。中年得子，自是备加宠爱。尤加新枚聪明俊秀，更是全家人的掌上明珠。

1964年，新枚毕业于天津大学精密仪器系，又至上海科技大学外语进修部进修英语。原拟1966年毕业后，留在上海工作。“文化大革命”开始后，因受丰子恺牵连，一直未能分配工作。拖到1968年，才被分配到河北省石家庄市华北制药厂当工人。儿子的远行，使年迈的丰子恺伤心不已。1968年4月，新枚离沪赴石，丰子恺亲自送到弄堂口，看着他上了车。从此，石家庄便成了丰子恺心上的悬念和企盼。

从1969年起，陆陆续续有人得到了“解放”，亦即所谓的“政治问题”按照当时的政策作出定性，有了结论，可以脱离“牛棚”管制，获得自由。因而盼“解放”，成了他这一时期的重大心愿。

然而，想要获得“解放”，真是谈何容易。当时张春桥在有关批复中是这样写的：“巴（巴金）、丰（丰子恺）、周（周信芳）三人不杀他们就算落实政策了。”①

虽然如此，丰子恺心里的企盼仍旧是强烈的。新枚去了石家庄后，原本那座遥远而陌生的城市，就成了丰子恺最难释怀的地方。因此他的盼“解放”，在与别人相同的渴望政治上的解脱之外，更有一层对石家庄的向往。他渴盼着能在“解放”以后获得行动的自由，这样他就可以离开上海这个已经让他十分厌

① 方坚：《风雨忆故人》，见《写意丰子恺》，第221页。

恶的是非之地，而到石家庄去与新枚团聚了。在丰子恺的心目中，新枚所在的石家庄，不止是天伦与亲情的所在，更是一个具有自由、宁静与安定生活的理想国。

新枚去石家庄后，丰子恺给他写过很多信，父子间相濡以沫的至爱深情毕露无遗。在这些信中，丰子恺多次谈到了盼望“解放”、盼望去石家庄的愿望。

1969年8月23日：

久未写信给你，有许多话想对你讲，拿起笔来不知从何说起。

首先，政策拖延，上周解放了三人，我不在内，还有十二人未解放，不知何日轮到我，反正时间问题，我现在也不盼望了。我把上班当做日常生活，注意健康，耐心等候，我准备等过国庆，等到春节。

秋天到石家庄，已成泡影，明春一定可靠。其间，好毛要来生产，你要来探亲，见面有期了。今天阿姐说，她也许要派外码头工作。我劝她要求派到石家庄，我与母跟她走。倘能如此，我们可以长久团聚了，至于石家庄物质生活条件，我实在看得很轻，不成问题的。只要有酒（威士忌也好），我就满足了。①

1970年12月26日：

你们三人能团聚，是大好事，我那时一定到石家庄来看你们小家庭。我很想离开上海，迁居石家庄呢。②

1971年4月14日：

宝姐告我：中央文教会议，决定：老年知识分子恢复工资，并补发以

① 1969年8月23日致新枚信，《丰子恺文集》，第七卷，第561页。
② 1970年12月26日致新枚信，《丰子恺文集》，第七卷，第612页。

前扣除的；又说：抄家物资，除国家需要的以外，一概退还。已坏者不赔偿云云。宝姐说："圆子吃到豆沙边了。"

你信上叫我勿去上班，我要来生再去了。无论如何拖延，我总是一直在家"浅醉闲眠了"。问题一解决，我就想到石家庄。①

"解放"的事一直拖延不决，石家庄终究没有去成。丰子恺一心期盼的自由与安定的石家庄生活，终究只是遥远的梦想。

然而不久之后，生活却有了意想不到的转机：丰子恺终于摆脱了束缚着他身体自由的无形之绳，就在上海家中那逼仄的小天地里，获得了令他梦寐以求的家居生活！

最后的家居

1967至1969年间，丰子恺的身心备受摧残。虽然在精神上，他尚且能以自己深厚的人生阅历和涵养，冷眼观世，淡定自守；然而身体上的摧残，却着实令这位年届七十的老人不堪忍受了。

运动之初，在画院坐"牛棚"，挨批斗，每日紧张奔波。1967年秋天，被关在上海美术学校内不许回家，达数十天之久。1968年3月，造反派组织"狂妄大队"冲击画院。丰子恺作为重点批斗对象，备受污辱。

1969年，改为到上海市博物馆坐"牛棚"。他每天早上6时40分离家，坐26路公交车去"上班"。每逢周一、三、四、六下午5时"下班"，星期二、五则要晚至8时"下班"。"牛棚"里，除接受批斗和学习外，劳动改造是重要的内容。"我们近来是一、二、三到博物馆，四、五、六到药厂或画院劳动。……我近作了'去声诗'：'种豆又种菜，处处要灌溉……'未完，真乃无聊消遣也。"②

① 1971年4月14日致新枚信，《丰子恺文集》，第七卷，第621页。

② 1969年8月23日致新枚信，《丰子恺文集》，第七卷，第561页。

8月，因“清理阶级队伍，复查深挖阶级敌人”等号召，本来似乎“解放”有望的丰子恺，随着形势的忽然紧张，不但“解放”无望，而且反被留在乡下搞“斗、批、改”。每月只放假四天可回上海，其余日子都在田间劳动，任务是摘棉花。

在丰子恺给新枚的信中，他对这段生活的描述是：“我倒觉得此种生活很好。每月回家四天，劳逸结合。”“我身体很好，劳动是摘棉花，并不吃力。饮食还算好，我自带酱瓜腐乳。”“乡间安全，稻草床很舒服，睡眠九小时，只是吃对我不大相宜，大都是肉。我幸而自带酱瓜腐乳，故亦不成问题，每餐吃饭三两。”

然而这其实都是慰人之语。严冬将至的一天，一吟带着女儿去给父亲送寒衣，亲眼看到了实情。当时在田间劳动的丰子恺，头发又长又乱，两鬓增添了不少银丝，脸色憔悴，神态萎靡，两眼泪汪汪的，胸前腹部挂着一只褴褛的棉花袋。一座低矮的农舍，一进门就是地铺，潮湿的泥地上铺着些稻草，并排着一副副被褥蚊帐，屋子显然透风。门口的河浜，据说就是他们洗脸的地方。[①]

在这种非人的折磨之下，丰子恺终于病倒了。

丰子恺因在乡下屡受风寒，得了重感冒。至1970年2月，因患中毒性肺炎住进上海淮海医院。虽因抢救及时，脱离危险，却引起了肺结核病灶的复发，医生给他开了三个月的病假。这样，丰子恺就不用下乡，不用上班，完全在家休养了。丰子恺真是高兴极了。更让他高兴的是，只要肺病不好，就可以一直续假，长休在家，永不上班了。

原先盼着“解放”后可以“退休家居”的愿望，一直未能实现，岂料一场大病却使家居的愿望得以成为现实。丰子恺觉得自己真是又一次“因祸得福”了，为此他十分珍惜这个意外获得的机缘。为了保证获得三个月一期的病假，他经常少吃甚至故意不吃药，以免病情的好转。他尽量少去甚或不去医院透视检查，只求陈宝能到医院开出病假证明便心满意足。这样的结果，便是从1970年2月起，丰子恺又一次过上了在家闲居的生活。

---

① 《潇洒风神——我的父亲丰子恺》，第326页。

身心的自由对丰子恺而言是至关重要的。他曾经那么急切地渴盼着“解放”，而这“解放”却总是缥缥缈缈、不得实现。外在的世界毕竟由不得自己去把握，靠人何如靠己。丰子恺终于又一次为自己筑起了一处远离尘世喧嚣的“世外桃源”，它不是缘缘堂，不是沙坪小屋，不是湖畔小屋。它很小、很小，小到只是日月楼中那个突出的阳台，但对丰子恺来说，却已足矣！

尘世生活的欢愉终究只是短暂的，唯有心灵的自由与充实、心境的自我调适和满足，才是人生最为可靠的生存方式。丰子恺一生注重内心生活，深谙生活的艺术，故而一直能在不同的境遇中，找到并实现艺术地生活的途径，并不惜为之付出物质的代价。缘缘堂时，他牺牲了十里洋场的声色名利。现在，他又以自己的健康为代价，再次换取了尘世之中难得的一方个人天地。这个代价是惨重的，然而，此时的丰子恺，除了自己的健康，他又能付出什么呢？

与以前一样，丰子恺的家居，并非悠闲地度日。尽管年事已高又疾病缠身，尽管门外正有批判的浪潮高涨，他却仍旧笔耕不辍，忘我地沉浸在艺术创作的辛勤劳作之中。

其实，早在这次生病之前，丰子恺已经拿起了手中那支一生从未停止过的笔。在他那间由阳台改成的“卧室”里，他每日凌晨4时即起，点亮一盏四瓦的小台灯，吟诗作画，著述翻译。等到早上出门去“牛棚”“上班”时，他早已完成了两三个小时的笔耕。

对惜时如金、将劳作与奉献作为精神支柱的人来说，一日的懈怠和虚度，会带来一日的不安和痛苦。丰子恺可以冷心冷眼看这疯狂的世界，可以“退一步海阔天空”地对待自身的磨难，然而他却不能坐视与容忍时间的虚掷。“文化大革命”以来，已经有太多的时间蹉跎与流逝。在给新枚的信中，他发出了痛心与无奈的叹息：“韶华之贱，无过于今日了。”

每天这两三个小时的写作，给丰子恺带来的是充实和愉悦，让他过足了自己内心精神生活的“瘾”，足以神定气闲地出门去应对那些无趣的浊世游戏。批斗也好，游街也罢，那都只是躯壳承受的无奈，心灵已自有充实的空间可以自由地飞升翱翔。

现在好了。不仅心灵依旧自由，躯壳也可复归己有了。

家居的日子，“用不满足的心来说，是岑寂无聊，用满足的心情来说，是平安无事。我是知足的，故能自得其乐”[①]。

自得其乐之“乐”，就是手不释笔地耕耘：写文、作画、赋诗、书法、翻译。

翻译是此时丰子恺用力颇勤的一项工作。他在病中一连译出了《竹取物语》《伊势物语》《落洼物语》三部日本著名古典文学作品。此外，又把50年代译过的夏目漱石的《旅宿》重译了一遍，这是他十分喜爱和推崇的作家和作品。

《大乘起信论》是一部重要的佛学著作，原为印度经书，日本人汤次了荣为之详加注释而成《大乘起信论新释》。丰子恺当年信奉佛教，就与读此书大有渊源。此书原存缘缘堂，1937年堂被毁前几天，蒋茂春曾去抢出一网篮书籍，《大乘起信论新释》就在其中。1969年抄家时，此书亦幸未被抄走。

两次虎口余生，仿佛有神佛保佑，有意要留给我翻译的。[②]

丰子恺认为此事“极有意义”，便于1971年开始翻译，同年全稿译毕。1972年底，新加坡作家周颖南来访，丰子恺便托他带交广洽法师，在新加坡匿名出版。

在每日凌晨微弱的灯光下，高龄而日渐衰弱的丰子恺，以坚定的信念、坚韧的毅力和辛勤的劳作，奉献出为数众多的新作；同时，他也在回首平生，了结前尘。

《护生画集》第六集本应在1980年弘一法师百岁诞辰时出版。深感人生无常的丰子恺，逢此乱世，更有一种时不我待的紧迫感。因此在1973年，就完成了这部画册一百幅画的绘制。前五集《护生画集》作为丰子恺的重要罪状，让他饱尝屈辱，吃尽苦头。现在又要作第六集，风险之大，不言而喻。但在丰子恺，为了完成恩师的嘱托，实践自己的诺言，“也就顾不得许多了！”当时与他

---

① 《潇洒风神——我的父亲丰子恺》，第338页。

② 1971年6月27日致新枚信，《丰子恺文集》，第七卷，第630页。

往来颇勤、以弟子称的朱幼兰居士，既是一位虔诚的佛教徒，更为丰子恺至诚的人格所感动，自愿加盟。他不仅代为收集资料，还不惧风险地担任了为画集题词的重任。

此集完成后，《护生画集》六册完整问世。弘一法师的意愿得以圆满，丰子恺如释重负。他的行为更是感动了很多人，广洽法师在后来所作的《护生画第六集序言》中说：

> 盖居士处此逆境突袭之期间，仍秉其刚毅之意志、真挚之感情，为报师恩，为践宿约，默默的篝火中宵，鸡鸣早起，孜孜不息选择题材，悄悄绘就此百幅护生遗作的精品，以待机缘……

以回忆往事为主的《缘缘堂续笔》也写于此时。此集初写时，名为《往事琐记》，写的都是丰子恺儿时所见之故乡旧事。“挑灯风雨夜，往事从头说”，丰子恺写得“颇有兴味”。在他饱含深情的娓娓叙述中，癞六伯、五爹爹、王囡囡、阿庆、乐生，还有后河边那四位老太婆；过年、清明、吃酒、算命，还有父亲荣耀一方的中举人，一个个鲜活的乡人，一件件热闹的乡事：这些在丰子恺心中珍藏了一生的乡忆，现在终于化作了文字，永远地留给了读者。

1971年秋天，丰子恺回忆漫画旧作，选择部分重绘，集为数套《敝帚自珍》，分别留赠新枚、弟子胡治均等他所亲近的“爱我者”。《敝帚自珍》的首页，是他作的一篇序言：

> 予少壮时喜为讽刺漫画，写目睹之现状，揭人间之丑相；然亦作古诗新画，以今日之形相，写古诗之情景。今老矣！回思少作，深悔讽刺之徒增口业，而窃喜古诗之美妙天真，可以陶情适性，排遣世虑也。然旧作都已散失。因追忆画题，从新绘制，得七十余帧。虽甚草率，而笔力反胜于昔。因名之曰《敝帚自珍》，交爱我者藏之。今生画缘尽于此矣！辛亥新秋

子恺识。[①]

简短的文字中，有丰富的内涵。对于讽刺漫画，早年间马一浮已表示过不甚赞同的意见。当时丰子恺虽“明知讽刺乃小道”，作此也觉“愧恨”，却认为“生不逢辰，处此末劫”，“未能自拔”，故仍旧执着于此。一心以讽刺之道“揭人间之丑相”、以期改正现实之恶而达理想之美的丰子恺，不仅美好理想成了泡影，而且遭到现实生活的沉重打击。如今老来回思，终于“深悔讽刺之徒增口业”，而最终回到他传统文人“陶情适性，排遣世虑”的古典意境中去了。丰子恺最后说：“今生画缘尽于此矣。”

作别故乡

丰子恺终于获得了“解放”。1972年12月30日，画院工宣队来人告知他已于上周五“解放”，审查结论是“不戴反动学术权威帽子，酌情发给生活费”。抄家物资如电视、书画、书籍等，不久尽都归还，只是存款及扣发的工资尚未归还。丰子恺说：“他们解放我，使我精神愉快，亲朋都为我祝贺，此精神上的收获，已属可贵。‘皇恩浩荡’，应该‘感激涕零’。少收回些钱，终是小事。”“有也好，没有也好，我不计较了。”[②]

“解放”了的丰子恺不再需要靠那三个月一期的病假条，在小小的阳台里营筑身心自由，他又可以出门旅游了。

76岁高龄的丰子恺怀着八年的渴望，在1973年清明节前后，由弟子胡治均陪同前往杭州探望姐姐丰满，为时一周。丰满此时已是83岁的高龄，由女儿宁馨和女婿王维贤侍奉，身体健康，胃口也好。丰子恺对此十分满意，称她可以长命百岁。但对八年未到、一直悬念不已的杭州，却没有什么好印象：“杭州供应极差：馆子无好菜（西湖醋鱼吃不到），交通工具难觅。不可久留。”[③]

---

① 《丰子恺文集》，第四卷，第583页。

② 1973年1月23日、2月5日致新枚信，《丰子恺文集》，第七卷，第668、679页。

③ 1973年4月2日致新枚信，《丰子恺文集》，第七卷，第673页。

西湖醋鱼吃不到，并不是主要的原因。虎跑寺后山上的弘一法师纪念塔，是丰子恺与叶圣陶、章锡琛、钱君匋、广洽法师等人合力出资、虔心敬造的。“文化大革命”前，丰子恺几乎每年都要赴杭祭扫，同时又必到蒋庄访问马一浮。马一浮抗战后回杭，一直住在西湖边的蒋庄。解放后任浙江省文史馆馆长，“文化大革命”起时被赶出蒋庄，迁居城中，不久去世。丰子恺此番来杭，虎跑的石塔已被拆毁；而西湖，也早已是没有马先生的西湖了。知交零落，意兴阑珊，虽有芳草连天，却已夕阳山外。丰子恺带着初春的寒意，作别了这个第二故乡的长堤断桥、垂柳塔影，永远地离去了。

丰子恺并不知道，他虽已有行动的自由，却仍然是在监控之中的。1973年夏，叶圣陶已获“解放”，可以外出走走，看看朋友。他便与胡愈之等去上海，想看望一下巴金、丰子恺和周予同。得到当时上海当局的回答是：“周予同可以去看，至于巴金和丰子恺，文艺界的情况太复杂，还是不去看为好。”

到了1974年，“四人帮”以批大儒为名，炮制所谓“黑画展”时，丰子恺又一次成为批斗对象。

所谓“黑画”，是指当时为外贸出口和宾馆装饰需要，在周恩来总理的过问下，北京、上海两地组织画家画的一批国画。为了反对周恩来，“四人帮”把“批黑画”和“批林批孔”联系起来，他们在《人民日报》《光明日报》《文汇报》《解放日报》上，连篇累牍地推出了批判所谓“黑画”的文章，宣称：“深批克己复礼，击退美术界的复辟逆流!”

丰子恺被诬为“黑画”的作品“罪名”如下：

《满山红叶女郎樵》，画了三片从树上落下来的红叶，于是被批判为“影射三面红旗落地”。

《晨鸡》见于《护生画集》第二集，画上题了弘一法师所书的一首古诗“买得雄鸡共鸡语，常时不用等闲啼。深山月黑风雨夜，欲近晓天啼一声”。于是“晓天”即被批为想变天，是一幅地地道道的反党之作。

《卖花人去路还香》中的“卖花人”即“卖画人”，是丰子恺的“自我写照”。“卖花人去”是指“反动画家被打倒了”，“路还香”是指“经过‘文化大革命’的批斗”他们“还很香”，这是丰子恺一伙“反攻倒算”“复辟回潮”的反革命铁证。

历经磨难的老父刚刚喘了一口气，又因画而重遭厄运，儿女们都劝父亲以后不要再画了。丰子恺对儿女的关怀十分感动，但他终究有着自己的信念：

文革中我已承认我的画都是毒草。如今再画，便是否定文化大革命辉煌成果，罪莫大也。然而世间自有一种人视毒草为香花，什袭珍藏。对此种人，我还是乐愿画给他们珍藏。古人云：“文章千古事，得失寸心知。”画亦如此。①

虽然时运是如此的多蹇，但丰子恺仍然保持着盎然的生活情趣。1975年2月16日，他给新枚写信说：“现在是‘雨水’节，二十四番花信，是菜花、李花、杏花。上海看不见花，想想而已。”②

然而不久，他就得以亲见鲜花了。这一年，石门镇革命委员会来公函，请丰子恺写“石门镇人民大会堂”八个一米见方的大字，并欢迎他“回来参观”。于是丰子恺决定回乡。

1975年4月12日，丰子恺由弟子胡治均陪同，次女林先等随行，来到了妹妹丰雪珍住的南沈浜。

这次回乡的盛况，在南沈浜、在丰子恺，都是空前的：

我写了许多张字去送人，是贺知章诗：少小离家老大回，乡音无改鬓毛衰。儿童相见不相识，笑问客从何处来。

我每次入市，看者人山人海，行步都困难。有人说我上海不要住了，正在乡间造屋，养老。如此也好，可惜做不到。③

我在乡，吃杜酒，是阿七自己做的，比黄酒有味。乡下黄酒也有，与上海的差不多。乡下香烟紧张，我带了许多（前门牌）去送人，约有十条

---

① 1974年9月4日致新枚信，《丰子恺文集》，第七卷，第685页。

② 《丰子恺文集》，第七卷，第688页。

③ 1975年4月24日致新枚信，《丰子恺文集》，第七卷，第691页。

（一百包）。送完了，皆大欢喜。来客中有三四十年不见的人，昔日朱颜绿鬓，尽成白发苍颜。昔日小鬟，今成老妪了。[①]

乡间，有开阔的田野、湿润的空气、清的风、新的绿，最纯的是那永远的质朴和热情。作别故乡的丰子恺回到上海，心境明净如洗。他在夏日的窗前，淡定从容：

时入孟夏，窗外树色青青。我端居静坐，饮酒看书，自得其乐。[②]

丰子恺在浊世的苦海中创造并享受着属于他自己的欢乐人生，然而这苦中作乐的日子也难长久。苦海之舟的风帆，已在徐徐降落。他的人生旅途，已然走到了尽头。

归　去

1975年9月15日，丰子恺因患肺癌，医治无效，与世长辞。我们现在回观丰子恺生命最后几年中的诸般行事，似乎都已有种种生命将尽的预感，处处都是了结尘缘的安排。现在，他终于挣脱了尘世的形骸，灵魂自由地归去。

他将去往何方呢？

丰子恺生前执着于追究宇宙的本原、人生的根本。他清醒地面对自己的生命："数千万光年中的七尺之躯，与无穷的浩劫中的数十年，叫做'人生'。自有生以来，这'人生'已被反复了数千万遍，都像昙花泡影地倏现倏灭，现在轮到我在反复了。"[③]故能跳出红尘，冷眼观世，以超然物外的心态静观人间万象。在这静观之中，他将人世间的生活，分作三个楼层。据此，我们看"人生"，也就有了三个不同的境界。

---

① 1975年5月5日致新枚信，《丰子恺文集》，第七卷，第692页。

② 1975年5月5日致新枚信，《丰子恺文集》，第七卷，第692页。

③ 《阿难》，《丰子恺文集》，第五卷，第146页。

三层楼上弘一法师这样的高僧大德们，决绝地了却了尘缘，在佛门中苦苦追寻着以宗教解读人生的法味和智慧，自有他们难为世人体悟的独特情怀。一层楼中的芸芸众生，在锦衣玉食、荣华富贵的物质追求中了却一生，也是一种简单明了的俗世活法。唯有二层楼上的知识分子，他们同样执着于追寻人生真谛，却缺乏彻底献身的宗教精神和勇气；他们鄙视物欲横流、追名逐利的浅薄世态，却无力超拔于物质生活的诱惑和享受；他们遍体散发着独善其身的清高，却又永远沸腾着兼济天下的热血。他们在矛盾的心态中思考、探索、犹豫、彷徨，而生活的激流却分秒不停地裹挟着他们身不由己地向前走。流年似水。

丰子恺又何尝不是这样呢？他在独自玄想的境界里，可以超然地静观人生；而在为人处世的切身感受中，有的却是对这人生的深深热爱和眷恋。一方面，陶渊明曾有诗云："在世无所需，惟酒与长年。"丰子恺说"颇有同感"[①]。而另一方面，叶圣陶说："一切皆可舍，人情良难捐。"丰子恺也眷恋着那难舍的亲情："风风雨雨忆前尘，七十年来剩此生。满眼儿孙皆俊秀，未须寂寞养残生。""安得缩地方，千乡如一县。天下有情人，朝夕长相见。"[②]毕竟，由无数人生反复而成的人间，终究是一个令人留恋的有情世界。

因此，丰子恺同样有着人生的疑惑，同样有着入世与出世的双重心态。他的解决之道，是到佛门中去寻求解说。终其一生，他在佛门中找到了人生无常的心灵慰藉，找到了广大慈悲、护爱群生的至善，更找到了"众生渡尽，方证菩提；地狱未空，誓不成佛"的入世与无畏，找到了"以出世的精神做入世的事情"的处世之道。

漫漫一生，丰子恺在时空茫茫的无限宇宙中探究生命的真，在精妙睿智的佛门智慧中领受人生的善，在纷繁喧闹的有情人间创造人生的美。

现在，生命结束了，却不会消亡，他只是融入了宇宙无限无垠的时空，返璞归真：

---

① 《丰子恺文集》，第七卷，第618页。

② 前诗为《病中口占》，后诗为《小羽》，均见《丰子恺文集》，第七卷，第821页。

> 我只觉得一到秋天，自己的心境便十分调和。……常常被秋风秋雨秋色秋光所吸引而融化在秋中，暂时失却了自己的所在。[①]

秋的清朗、通达和高爽，是丰子恺的最爱。他在秋色中降生，又在秋色中逝去。静谧的秋夜，清朗的天心，会有皎洁润泽的圆月，静静地迎接着他的回归。

---

① 《秋》，《丰子恺文集》，第五卷，第163页。

大事年表①

清光绪二十四年（1898年） 出生

11月9日（农历九月二十六日）生于浙江省石门镇（今属桐乡市）。父丰鐄，母钟云芳。排行第七，为长男。乳名慈玉。

光绪二十八年（1902年） 5岁

秋，父中举。祖母去世。

光绪二十九年（1903年） 6岁

就读于父之私塾。学名丰润。

光绪三十二年（1906年） 9岁

秋，父患肺病去世。

光绪三十三年至宣统元年（1907—1909年） 10—12岁

转入于云芝先生私塾继续求学。按《芥子园画谱》勾描人像。

---

① 此年表据陈星《丰子恺年谱》（西泠印社2001年版）和丰一吟《丰子恺生平年表》（见《丰子恺漫画全集》）编成。

宣统二年（1910年） 13岁

石门建溪西两等小学堂，丰子恺就学于此。

宣统三年至民国二年（1911—1913年） 14—16岁

随溪西两等小学堂高等部分之学生转入崇德县立第三高等小学校。为适应当时选举之风，改名丰仁，并剪去辫子。

民国三年（1914年） 17岁

2月，在《少年杂志》上初次发表寓言四则。春季，小学毕业。秋季，考入浙江省立第一师范学校，赴杭州入学。

民国四至六年（1915—1917年） 18—20岁

从单不厂先生学习国文。单先生为其取号“子颛”，后改为子恺。从李叔同先生学油画、音乐，从夏丏尊先生学国文。

民国七年（1918年） 21岁

在浙一师《校友会志》上发表《溪西柳》等诗词。并作《清泰门外》等速写，为现今保存下来最早之画幅。李叔同先生出家，号弘一法师。

民国八年（1919年） 22岁

3月13日（农历二月十二），与徐力民结婚。7月，毕业于浙一师。秋，与同学吴梦非、刘质平在上海创办专科师范学校。同时在东亚体育学校兼任图画课，并在该校校刊初次发表美术理论文章——《图画教授法》。与诸人发起成立中华美育会。

民国十年（1921年） 24岁

早春，借债赴日本学习音乐、美术等，共十个月。金尽归国教授图画、音乐。

民国十一至十二年（1922—1923年） 25—26岁

赴上虞白马湖春晖中学教授图画、音乐。开始创作漫画，1922年在春晖校刊发表《经子渊先生的演讲》《女来宾》二画。

民国十四年（1925年） 28岁

离春晖，至上海参与创办立达中学（后改名为立达学园）。初次出版译作《苦闷的象征》。在《文学周报》发表“子恺漫画”。12月，首册漫画集《子恺漫画》及首册音乐理论著作《音乐的常识》问世。

民国十五年（1926年） 29岁

春，与夏丏尊先生赴杭州拜见弘一法师。夏，弘一法师至上海，与丰子恺交往密切。

民国十六年（1927年） 30岁

2月，第二册漫画集《子恺画集》出版。秋，弘一法师至上海，住丰宅一月余，为丰宅命名“缘缘堂”①。10月21日，丰子恺从弘一法师皈依佛门，法名婴行。

上海郑振铎、胡愈之、叶圣陶等人发起成立“著作人公会”，丰子恺签名加入。

民国十七年（1928年） 31岁

为祝弘一法师五十寿辰，绘《护生画集》第一册。11月，与刘质平、经亨颐、夏丏尊等人发起为弘一法师筑“晚晴山房”。与夏丏尊、刘叔琴等发起改组开明书店，成立股份有限公司。出版《艺术教育ABC》、《构图法ABC》、译著《艺术概论》等书。

---

① 缘缘堂命名的时间，陈星认为在1926年，详见其著《丰子恺新传——清空艺海》，北岳文艺出版社1998年版。

民国十八年（1929年） 32岁

任开明书店编辑。出版《谷诃生活》《现代艺术十二讲》《生活与音乐》《护生画集》等著述、画集。

民国十九年（1930年） 33岁

1月，开明书店创办《中学生》杂志，丰子恺任艺术编辑。2月3日（农历正月初五），母亲去世，服丧期间开始蓄须。秋，居嘉兴，辞去教职。出版《西洋画派十二讲》《音乐初步》等著述，翻译出版《音乐的听法》《美术概论》等日文著述。

民国二十年（1931年） 34岁

居上海江湾。1月，第一本散文集《缘缘堂随笔》问世。初识广洽法师。出版画集《光明画集》《学生漫画》，艺术著作《西洋名画巡礼》《世界大音乐家与名曲》及译著《初恋》。

民国二十一年（1932年） 35岁

出版画集《儿童漫画》、随笔《中学生小品》、音乐论著《西洋音乐楔子》及译著《艺术教育》《自杀俱乐部》《音乐概论》等。

民国二十二年（1933年） 36岁

春，石门缘缘堂落成，址设梅纱弄8号。4月，匡互生先生逝世，丰子恺不再过问校务。出版《子恺小品集》。

民国二十三年（1934年） 37岁

在杭州租住别寓，时常往来于沪、杭、石门之间。出版《随笔二十篇》《绘画与文学》《近代艺术纲要》《艺术趣味》《开明图画讲义》《开明音乐讲义》等著述。

民国二十四年（1935年） 38岁

3月，陈望道等人及15个文化机关共同发表《推行手头字缘起》，丰子恺为发起人之一。出版画集《云霓》及艺术类著作《艺术丛话》《绘画概说》《西洋建筑讲话》等。

民国二十五年（1936年） 39岁

开明书店创办《新少年》杂志，任编辑。6月，加入中国文艺家协会。与巴金、王统照、夏丏尊、叶圣陶、鲁迅、林语堂、茅盾、冰心等21人发表《文艺界同人为团结御侮与言论自由宣言》。

民国二十六年（1937年） 40岁

“八一三”事变后，关闭杭州别寓。11月6日，石门遭日机空袭。率眷逃难，经桐庐、兰溪、衢州、常山，入江西。出版《缘缘堂再笔》《少年美术故事》等。

民国二十七年（1938年） 41岁

1月，抵萍乡，获悉缘缘堂被毁于炮火。3月，迁长沙，又赴武汉宣传抗战。27日，中华全国文艺界抗敌协会成立。4月，协会出版会刊《抗战文艺》，被推举为33位编辑委员之一。6月，应桂林师范之聘，举家迁桂林。10月24日，开始写《教师日记》。出版《漫文漫画》《口琴吹奏法初步》《抗战歌选》等著述、选编作品。

民国二十八年（1939年） 42岁

应浙江大学之聘，任讲师。4月迁广西宜山，执教艺术教育和艺术欣赏等课。日寇攻南宁，师生员工分别向贵州都匀进发。为祝弘一法师六十寿辰，完成《护生画续集》60幅。此后，遵法师之嘱，约定每至法师逢十整寿，即绘《护生画集》一册，直至百年，共六册。出版《漫画阿Q正传》。

民国二十九年（1940年） 43岁

随校从都匀迁往遵义。《缘缘堂随笔》初次被译成日文在日本出版。另出版画集《护生画续集》《大树画册》及随笔《甘美的回味》等。

民国三十年（1941年） 44岁

秋，由讲师升副教授，增授新文学课。重绘旧作，成《子恺漫画全集》，计6册，424幅。出版《艺术修养基础》等著述。

民国三十一年（1942年） 45岁

10月13日，弘一法师圆寂，发愿为法师造像一百尊。11月，应国立艺术专科学校之聘，离遵义赴重庆沙坪坝，任国立艺专教授。在重庆第一次举行个人画展，画风由黑白漫画转为彩色人物风景画。出版画集《客窗漫画》。

民国三十二年（1943年） 46岁

春节后赴泸州、自贡、五通桥、乐山举行画展。夏，自建“沙坪小屋”。不久，辞去艺专教职，以写文卖画为生。与学生鲍慧和在西安、洛阳举办师生联展。出版画集《画中有诗》及《漫画的描法》《音乐初阶》等艺术理论著述。

民国三十三年（1944年） 47岁

2至3月，历长寿、涪陵、丰都等地旅行并举行个人画展。冬，只身赴川北，在南充、阆中举行个人画展。出版画集《世态画集》《人生漫画》及《文明国》《艺术与人生》《艺术学习法及其他》《图画常识》《教师日记》等文学艺术著述。

民国三十四年（1945年） 48岁

6月，赴隆昌参加立达学园成立20周年纪念活动，并举行画展。7月，去内江，又抵成都，参加国际救济会的手工艺讨论会，并举行画展。8月，抗战胜利消息传来，作《狂欢之夜》画分赠亲友。11月，在重庆两路口社会服务处举行画展。应陈望道之邀，赴北碚复旦大学讲演。出版《子恺漫画全集》六册。

民国三十五年（1946年） 49岁

4月23日，夏丏尊去世，作《悼丏师》文。7月初，离重庆经宝鸡、开封、郑州、武汉、南京，于9月抵上海。凭吊缘缘堂后去杭州。在武汉、上海各举行一次画展。12月，第一本彩色画册《子恺漫画选》在上海问世。另出版画集《毛笔画册》及随笔《率真集》。

民国三十六年（1947年） 50岁

2月，为立达学园筹募复校基金，在上海举办画展，后又去南京、无锡举行个人画展。3月，举家迁入杭州里西湖畔静江路（今北山路）85号平屋，名之为"湖畔小屋"，仍以写文卖画为生。出版画集《又生画集》《劫余漫画》《幼幼画集》及《猫叫一声》《小钞票历险记》《音乐十课》等文学艺术著述。

民国三十七年（1948年） 51岁

9月，游台湾，并在台北举行画展。11月，定居厦门。凭吊弘一法师圆寂地及各处遗迹。赴泉州、晋江、石狮、石码等地举行画展及发表演讲。出版画集《丰子恺画存》及文学作品《博士见鬼》。

1949年 52岁

完成《护生画三集》。4月，只身赴香港举行画展。23日，赴上海与先返沪之家属相会。在上海迎接解放。7月，被选为"南方代表第二团"代表，列名"中华全国文学艺术工作者代表大会"，后因健康原因未到会。编选并书写之弘一法师遗著《前尘影事集》出版。

1950年 53岁

居福州路。开始学俄文。7月，列席华东军政委员会第二次会议；出席上海市首次文学艺术工作者代表大会。出版《护生画三集》《绘画鲁迅小说》及

《音乐知识十八讲》等。

1951—1952年 54—55岁

1951年4月，参加上海市第二届第二次各界人民代表大会，并发言。阅读、翻译俄文屠格涅夫《猎人笔记》、托尔斯泰《战争与和平》及苏联诸音乐美术教学参考书。出版书法《童年与故乡》《笔顺习字帖》及译著《世界大作曲家画像》《管乐器及打击乐器演奏法》等。

1953年 56岁

4月，被聘为上海市文史研究馆馆务委员。9月，与钱君匋、章锡琛、叶圣陶、黄鸣祥等筹款在杭州虎跑后山为弘一法师筑纪念石塔。出版多种苏联文学和音乐美术教育译著《猎人笔记》《中小学图画教学法》《苏联音乐青年》《音乐的基本知识》等。

1954年 57岁

1月10日，弘一法师纪念石塔建成。9月，迁陕西南路39弄93号定居，名之为“日月楼”。任中国美协常务理事、上海美术家协会副主席。出版多种苏联音乐美术教育译著《幼儿园音乐教育法》《唱歌课的教育工作》《小学图画教学》等。

1955年 58岁

7月，游莫干山。出版画集《子恺漫画选》及《唱歌和音乐》等苏联艺术教育译著。

1956年 59岁

北京外文出版社以英、德、波兰三种文字出版《丰子恺儿童漫画》，此为丰子恺画册首次由我国出版外文版。7月，游庐山。11月，接待日中友好协会副会长内山完造。12月，当选为上海市人民代表。出版《幼儿园音乐教育》《小学音乐教学法》等译著。

1957年　60岁

6月，游镇江、扬州。始任上海市政协委员。出版画集《听我唱歌难上难》及《缘缘堂随笔》（新版）、《丰子恺文集》、《音乐入门》等著述和《音乐的基本知识》《我的同时代人的故事》等译著。

1958年　61岁

7月，由新加坡广洽法师在南洋募款、丰子恺主事，拟筹建弘一法师纪念馆，后未果。任第三届全国政协委员。译作夏目漱石《旅宿》收入《夏目漱石选集》（第二卷）出版，另出版《石川啄木小说集》及选编之《李叔同歌曲集》。

1959年　62岁

4月，赴北京出席全国政协三届一次会议。夏，任中华书局新编本《辞海》编辑委员、艺术分册主编。出版译著《蒙古短篇小说集》及选编之《陈之佛画集》。

1960年　63岁

3月，赴北京出席全国政协三届二次会议。6月，就任上海中国画院院长。7月，任中国对外文化协会上海分会副会长。完成《护生画四集》。

1961年　64岁

4月，游黄山。9月，随上海政协参观团赴江西参观。出版画集《护生画四集》及随笔《杨柳》、译著《日本的音乐》。

1962年　65岁

3月，赴北京出席全国政协三届三次会议。5月，当选为上海美术家协会主席、上海市文学艺术界联合会副主席。9日，参加上海市第二次文代会，作题为“我作了四首诗”的发言。游金华。秋，中央新闻纪录电影制片厂摄制纪录片《画家丰子恺》。

10月5日重阳节，赴杭州虎跑弘一法师纪念塔祭奠法师逝世20周年。12月，始译日本古典文学名著《源氏物语》。出版《子恺漫画全集》(香港)，选编之《弘一大师遗墨》在上海印制。

1963年　66岁

3月，游宁波、舟山、普陀。10月，再游镇江、扬州。11月，赴北京出席全国政协三届四次会议。出版《丰子恺画集》。

1964年　67岁

为泉州弘一法师纪念馆书“弘一法师故居”匾额。选编之《弘一大师遗墨续集》在新加坡印制。

1965年　68岁

7月，完成《护生画五集》。11月，陪同新加坡广洽法师游苏州、杭州。《源氏物语》译毕，寄交人民文学出版社。出版《护生画五集》(新加坡)。

1966年　69岁

3月，游绍兴、嘉兴、南浔、湖州、菱湖。

“文化大革命”开始。6月，上海中国画院出现第一张批判丰子恺的大字报。

1967—1972年　70—75岁

在“文化大革命”中备受摧残。仍按旧题材作画甚多，名之曰“敝帚自珍”。悄悄译出日本古典文学《竹取物语》《伊势物语》《落洼物语》及佛教著作《大乘起信论新释》，创作《缘缘堂续笔》，作《红楼新咏》组诗。

1973年　76岁

3月，赴杭州探望胞姐丰满。完成《护生画六集》。译著《大乘起信论新释》在新加坡印制。

1974年　77岁

重译夏目漱石《旅宿》。作品在所谓“黑画展”中陈列，再次遭到批判。

1975年　78岁

4月，赴故乡探望胞妹丰雪珍。9月15日因肺癌去世。

参考文献

《丰子恺文集》，一、二、三、四艺术卷，丰陈宝、丰一吟、丰元草编，浙江文艺出版社、浙江教育出版社1990年版；五、六、七文学卷，浙江文艺出版社、浙江教育出版社1992年版

《丰子恺漫画全集》，丰陈宝、丰一吟编，京华出版社2001年版

《丰子恺传》，丰一吟、潘文彦、胡治均等编，浙江人民出版社1983年版

《丰子恺（现代美术家画论作品生平）》，丰一吟编，学林出版社1987年版

《潇洒风神——我的父亲丰子恺》，丰一吟著，华东师范大学出版社1998年版

《丰子恺新传——清空艺海》，陈星著，北岳文艺出版社1998年版

《写意丰子恺》，钟桂松、叶瑜荪编，浙江文艺出版社1998年版

《丰子恺——文苑丹青一代师》，黄江平著，上海教育出版社1999年版

《缘在红尘：丰子恺的艺术世界》，陈野著，台湾三民书局股份有限公司2004年版

《鹤发童颜老儿童：父亲丰子恺》，丰一吟著，二十一世纪出版社集团2021年版

《回忆祖父丰子恺：长乐邨的往事》，丰南颖著，商务印书馆2022年版

《丰子恺研究资料》，丰华瞻、殷琦编，宁夏人民出版社1988年版

《纪念丰子恺诞辰一百周年专刊》，桐乡市文联、市文化馆编，《桐乡文艺》总第73期

《桐乡文史资料（6、8）》，《桐乡文史资料》编委会编，1987年12月、1989年11月

《丰子恺论》，朱晓江主编，西泠印社2000年版

《新艺术的发轫——日本学者论李叔同与丰子恺》，［日］中村中行、西槙伟著，曹布拉译，西泠印社2000年版

《一道消逝的风景——丰子恺艺术思想研究》，朱晓江著，西泠印社2001年版

《丰子恺年谱长编》，陈星著，中国社会科学出版社2014年版

《第三届丰子恺研究国际学术会议论文集》，上海三联书店2017年版

《桐乡文艺》（若干册），桐乡县文化馆编

《弘一大师李叔同讲演集》，秦启明编，中国广播电视出版社1993年版

《禅灯梦影》，李叔同著，武汉出版社2009年版

《弘一法师年谱》，林子青编著，宗教文化出版社1995年版

《悲欣交集——弘一法师传》，金梅著，上海文艺出版社1997年版

《清空朗月——李叔同与丰子恺交往实录》，陈星著，百花洲文艺出版社1997年版

《漫忆李叔同》，余涉编，浙江文艺出版社1998年版

《传统佛教与中国近代化——百年文化冲撞与交流》，邓子美著，华东师范大学出版社1994年版

《中国近代史记（1840—1919）》，徐泰来主编，湖南人民出版社1989年版

《中国近代史》，蒋廷黻著，巴蜀书社2023年版

《中国近现代史纲要》，本书编写组编，高等教育出版社2023年版

《上海一百年》，朱华等著，上海人民出版社1999年版

《中国近现代音乐史》，汪毓和著，人民音乐出版社1984年版

《外国美术史》，朱铭编著，山东教育出版社1986年版

《中华民国美术史》，阮荣春、胡光华著，四川美术出版社1992年版

《近代中日绘画交流史比较研究》，陈振濂著，安徽美术出版社2000年版

《传统与变革：中国近代美术史事考论》，李伟铭著，商务印书馆2015年版

《从美术到艺术：中国现代美术观念的起源与演变》，彭卿著，浙江大学出版社2022年版

《中国现代文学社团流派史》，陈安湖主编，华中师范大学出版社1997年版

《中国当代文学史》，陈其光主编，暨南大学出版社1998年版

《中国现代文学史：1915—2018》，朱栋霖著，高等教育出版社2020年版

《现代文学与现代教育的互动共生：以浙江一师为视点》，张直心、王平著，广西师范大学出版社2020年版

《20世纪中国革命与中国现当代文学》，贺照田著，河北教育出版社2023年版

《颖南选集》，福建人民出版社1983年版

《周颖南与中华文化》，诸园、庄辛编，中国和平出版社1992年版

《经亨颐日记》，浙江古籍出版社1984年版

《匡互生与立达学园》，北京师范大学校史资料室，北京师范大学出版社1985年版

《钦文自传》，许钦文著，人民文学出版社1986年版

《朱自清全集》，朱乔森编，江苏教育出版社1988—1997年版

《朱自清传》，陈孝全著，北京十月文艺出版社1991年版

《叶圣陶集》，叶至善、叶至美、叶至诚编，江苏教育出版社1992年版

《傅雷传》，金梅著，湖南文艺出版社1993年版

《叶圣陶传》，刘增人著，江苏文艺出版社1995年版

《一代才华——郑振铎传》，陈福康著，上海人民出版社1996年版

《悠悠长水——谭其骧前传》，葛剑雄著，华东师范大学出版社1997年版

《唐云传》，郑重著，东方出版中心1999年版

《凤凰之子：沈从文传》，［美］金介甫著，符家钦译，中国友谊出版公司2000年版

《现代山水画大师吴湖帆》，戴小京著，上海教育出版社2000年版

《我与我的世界：曹聚仁回忆录》，曹聚仁著，北岳文艺出版社2001年版

《钱君匋传》，吴光华著，北京美术摄影出版社2001年版

《叶圣陶传》，刘增人著，东方出版社2009年版

《马一浮全集》，马一浮著，浙江古籍出版社2013年版

《画未了：林风眠传》，郑重著，中华书局2016年版

《吴湖帆年谱》，王叔重著，东方出版中心2017年版

《一代儒宗：马一浮传》，滕复著，浙江人民出版社2021年版

《吴湖帆师友书札》，吴湖帆著，中国美术学院出版社2022年版

《林风眠中西绘画艺术论稿》，林风眠著，屠宁宁编，上海人民美术出版社2022年版

后　记

在本书之前，已有十数种丰子恺先生的传记出版。前人著述既为本书带来可贵的启迪和借鉴，又自然产生如何避免无益重复而另辟新径的难题。

在经过了反反复复的思虑和修改之后，终于确定将本书的记述主线定位于对传主一生心路历程的探索和记录。中国近现代社会里一位典型的文化人，面对几十年的时代风云变幻、几十年的个体人生风雨，丰子恺先生的所思、所想、所感、所悟，以及从中表露出来的生命追问、人生体验、宗教情怀和人世情感，无一不是那么的执着、那么的真诚、那么的明白透彻，又那么的情深似海。而所有的这一切，在笔者看来，是比任何一时一事的浮华都更为隽永和美好的，尤其是在当今这个愈益物质化的时代里。

因此在书中，笔者着力尝试的是理解丰子恺先生和其恩师弘一法师的文化品质，并以此解读近现代文化里这一类知识分子的精神世界，观照名缰利锁之中的万丈红尘。遗憾的是由于笔者人生阅历、思想深度和学识修养的浅陋，又加之时间局促，终致如今这般心有余而力不足的结果。

在本书写作过程中，得到丰一吟女士、丰桂女士和桐乡市丰子恺纪念馆的大力支持和热情帮助，并蒙杭州师范学院弘一大师·丰子恺研究中心主任陈星教授为本书审稿，厘定史实，受益良多。在此，一并谨致诚挚谢忱！

衷心感谢丛书编委会诸位专家的信任、浙江省社会科学院院长万斌教授对本书写作的支持鼓励。前辈师长胡国枢研究员得知我写作此书，数次主动提供多种丰子恺研究资料；浙江省社会科学院臧军、徐晓、吴晶、罗以民、张学继等同仁或提供宝贵资料，或提出中肯建议，高情厚谊，定当谨记。

在以往的丰子恺研究中，海内外众多专家学者取得丰硕成果，为本书写作提供了扎实可靠的史料基础，本书对之多有征引。对此，除已在引用时一一注明出处，并将各主要著作列入本书参考文献外，在此一并再致感谢！

在本书出版过程中，得到浙江人民出版社陈巧丽、王志坚老师的悉心指教。他们态度诚恳，工作认真负责，在书名、标题定夺，章节内容取舍以至文字斟酌润色方面，都进行了严谨细致的把关，给予笔者帮助和教益。此书最终得以出版，凝聚了他们的大量心血。在此，对他们默默无闻的劳动和付出，谨致敬意和谢忱！

陈　野

2003年7月

再版说明

此版据2003年版修订，相关修订情况说明如下：

1.原书定位于对传主一生心路历程的探索和阐释，着力理解丰子恺先生和其恩师弘一法师的文化品质，并以此解读近现代文化里这一类知识分子的精神世界，观照万丈红尘中的名缰利锁对文化人士的影响、束缚，以及他们的挣扎、突围与解脱。从此角度看，学术界这方面的新成果不多，故此次修订基本保持原书内容。

2.本次修订，对原书中涉及“文化大革命”的一些与丰子恺关联不是十分密切的背景资料，例如一些具体数据、细节等，做了适当删减。

3.本次修订，对原书中一些字词和标点讹误、错漏做了改正。

4.本次修订，在《参考文献》中酌情增补了近年来出版的部分相关研究成果。

陈　野

2023年1月7日